古代史に隠された天皇と鬼の正体

関 裕二

PHP文庫

JN119797

○本表紙図柄＝ロゼッタ・ストーン（大英博物館蔵）
○本表紙デザイン＋紋章＝上田晃郷

はじめに

日本人は、鬼が大好きだ。お伽話は鬼で溢れている。こわい鬼ややさしい鬼が登場して、子供たちも目を輝かす。不思議な光景だ。鬼とはいったい何者なのか。

鬼は本来、目に見えない、得体の知れない恐ろしい存在と考えられていた。

たとえば、蓑笠を着て正体がはっきりしない姿は、鬼とみなされる民俗があった。秋田のナマハゲが蓑笠を着ているのは、寒さや雪対策だけではない。鬼の格好を表象していたのだ。身を隠して見えないという設定で、鬼を表現している。その「隠す」「隠れる」の「隠」の一文字を「おん」と読み、「おん」が「おに」となった。平安時代のことだ。

ただし、これで「鬼」の正体がわかったつもりになられては困る。ためしに国語辞典で「おに」を調べてみればいい。いろいろな意味が隠されていることに気付かされるはずだ。天つ神（天上界の神々）に対する邪神や悪神（地上界で天つ神に逆らった出雲神たち）、死者の霊魂、亡霊、想像上の怪物、などなど。なぜこれだけ、広い意味が隠されているのだろう。「鬼の本質」を知ってしまえば、その理由を理解できるようになる。

「鬼」を古くは、「モノ」と呼んだ。『もののけ姫』の、「モノ」は、鬼の意味だ。精霊や神は物に宿るから、「モノ」は、神や鬼の意味になった。神と鬼は鏡に映した表と裏なのである（理由はのちに触れる）。ここに、日本人の信仰の原点が隠されている。多神教世界の神は、ほぼ人間と同じで、悪いこともすれば、正しいこともするのだ。

鬼を考える上で興味深い神がいる。それが、『日本書紀』神話に登場するスサノヲ（素戔嗚尊。須佐之男命）で、アマテラス（天照大神。女性の太陽神）の弟だ。

スサノヲは出雲神のイメージが強いが、天上界（高天原）からやってきた神だ。ただし、大暴れをしたために、アマテラスはスサノヲが天上界を奪おうとしていると疑った。また諸々の神々は、「スサノヲの行いがあてにならない」からと、追放してしまう。「地上界に下りてもダメ」「底根之国（地底の国）へ行ってしまえ」と叱責されたのだ（かわいそうに）。

そのとき長雨が降っていたので、スサノヲは笠と蓑を着て、神々に宿を乞うた。しかし「お前は行動が穢らわしいので追放され、責められている。どうして宿を乞うのか」と、みな拒んだ。スサノヲは、留まって休むこともできず、疲労困憊したまま地上に下っていった……。

この場面、スサノヲは雨が降っていたから蓑笠を着ていることになっているが、『日本書紀』は意地が悪い。鬼を表す蓑笠を着せ、スサノヲが鬼だったことを暗示していたのだ。だからみな、忌み嫌い、「穢れている」となじり、差別して、スサノヲを追いやったわけである。

ところが、スサノヲは出雲に降り立ったあと、乙女を救うスーパーマンに変身する。これが八岐大蛇退治だ。なぜ、天上界では蔑まれ恐れられた悪神が、地上界では「善神」になってしまったのだろう。じつはこれが、神を鏡に映すと鬼に見える「多神教マジック」なのだ。

道理が通らない？　理由は本文で説明するが、ひとつ、これだけは言っておきたい。驚くべきことに、天皇家の祖はスサノヲだったのではないかとする説が現れている（泉谷康夫『記紀神話伝承の研究』）。しかも、筆者は、これを大いに支持している。天皇家は「悪く穢れた乱暴者の鬼・スサノヲの末裔」なのだ。おそらく、間違っていない。

「根拠を示しなさい」

と、詰め寄られそうだ。少しだけ説明しておこう。

アマテラスとスサノヲは、天上界で誓約（うけい）（誓いを立てて神意を占うこと）をしている。その様子を、『日本書紀』は異伝を挟みながら説明するのだが、もっとも古い形の話は、「スサノヲの産んだ子が、天皇家の祖だった」という内容なのだ。しかも、スサノヲは「発育が悪いから捨てられたヒルコ」によく似ていて、ヒルコは、男性の太陽神なのだ。そのため、古い時代には、スサノヲこそ太陽神で皇祖神だったと語り継がれていた可能性が高い。

多神教徒は、恐ろしい鬼の中の鬼こそ、頼りになる神の中の神と考える。

予言しておこう。この鬼と神の理屈（あとでちゃんと説明する）がわかってくると、恐ろしい恐ろしいスサノヲがヤマトの王家の祖だったことは、不思議でも何でもなくなる。これで古代史の謎も吹き飛ぶだろう。

そうなのだ。天皇は鬼の末裔なのである。

天皇は鬼の末裔だから、「天皇に手を触れれば恐ろしい目に遭（あ）う」と信じられていたのだと思う。天皇は鬼だから、御簾（みす）の裏側に隠れていたのだ。あれは、ただの演出なんかじゃない。蓑笠の代わりに、御簾の奥にたたずんでいたのだ（恐ろしい、もとい、畏（おそ）れ多いことではないか）。

天皇と鬼の本当の話、多くの人に知ってほしい。

令和三年五月

関　裕二

古代史に隠された天皇と鬼の正体

目次

第一章　弱い王と祟る神

天皇とはどんな存在だったのか

藤原氏が隠そうとした真実とは

ヤマト建国の真相と古代日本の実態

第二章　「神と巫女」と天皇

最高・最大の天皇祭祀「大嘗祭」

神を祀るのは女性

女装する天皇

第三章　藤原氏に「鬼」にされた人々

暴走する天皇の出現

「親蘇我派」と「反蘇我派」という視点

第四章　「鬼」の物語に潜む真相

天皇と鬼のつながり

「天皇と鬼」に隠された大きな秘密

蘇我入鹿殺害事件の真相

第一章　弱い王と祟る神

天皇とはどんな存在だったのか

天皇と鬼は「聖と賤」の関係なのか？

天皇は神聖な者として権威を保ち続け、鬼は邪悪な存在と信じられてきた。虐げられた最下層の人々に、鬼のレッテルが貼られることもしばしばだった。統治システムのトップに立っているのが天皇で、賤しい人たちが、鬼とみなされた。ただし、両者の正体を探っていくと、もっと複雑な関係が見えてくる。

天皇と鬼は、これまで、「聖と賤」の対極の位置に立っていると信じられてきた。たとえば沖浦和光は『天皇の国　賤民の国　両極のタブー』（弘文堂）の中で、おおよそ次のような説明をしている。

（1）原初的な呪術的社会では、祭祀王（祭司王）は隔離された。王に取り憑く霊

（マナ）は、容易に転移すると信じられていたからだ。

（2）征服王の祭祀は、政治的威力の呪術的粉飾で、王化に従わない先住民たちを英雄（王）が成敗する物語が編まれていった。八世紀に編まれた『古事記』や『日本書紀』の中に、まつろわぬ者どもが登場してくる。

（3）世俗的権力と呪術的宗教的権力を王が獲得していくと、自らの神聖な浄性と超越性を誇示しはじめる……。

さらに、八世紀に律令制度が整うと、陰陽師たちが王の周辺にいくつものタブーをしつらえ、天皇が「聖なる存在」のトップに立ち、最下層の人びとが「賤しい人びと」と位置づけられ、蔑まれていったという。こうして「聖と賤」の構図が生まれたというのである。

しかし、この単純な図式を、そのまま受け入れることはできない。「聖と賤」、天皇と鬼の関係は、複雑怪奇だからだ。天皇は純粋な「聖」ではなく、鬼は単純な「邪悪」でもない。少なくとも、沖浦和光が言うような、天皇と賤民が両極のタブーになったわけでもない。

結論を先に言ってしまえば、天皇と鬼は、同類なのである。どういうことか、説明して行こう。まずは、鬼がふんだんに登場するお伽話の中に、ヒントを探ってみよう。

鬼の話が大好きな変な日本人

なぜ、お伽話は鬼の話で埋め尽くされているのだろう。

一寸法師、桃太郎、大江山の酒呑童子、瓜子姫と天邪鬼、山姥（食わず女房、口裂け女？）などなど。数え上げたらきりがない。

『本当は恐ろしいグリム童話』ではないが、日本のお伽話も、そこそこ恐ろしい話が多いし、不思議な展開が待っている。たとえば、一寸法師はどうだ。

うろ覚えの一寸法師は、こんな感じだろうか。身の丈が一寸しかない一寸法師は、お椀の舟、箸の櫂で川を遡り、鬼ケ島に行き、鬼を退治して、鬼から奪った打出の小槌を振ったら背が伸びた……。こんな感じだろう。

しかし、『御伽草子』の話は、少し違う。難波（大阪）に年老いた夫婦が暮らしていた。子供ができないので、住吉大社（大阪市住吉区）に願掛けした。すると住吉大明神（住吉大神）は哀れに思い、子を授けた。しかし、十二、三年たっても

一寸法師。左手に鬼たちが置いていった打出の小槌、上部に蓑笠が見える
※『御伽草子』より（国立国会図書館デジタルコレクション）

背が伸びない。一寸法師と名付けられ、「これはただものではない。化け物風情か何かだろう」と、老夫婦は捨てようとした。一寸法師はこれを察し、家を飛び出し、京に旅立ったのだ（淀川を遡ったわけだ）。一寸法師は京の高貴なお方（三条の宰相）の娘に恋してしまう。神棚の米粒を娘の口のまわりにつけて、「米を奪われてしまった」と嘘をついた。宰相は娘を殺そうとするが、結局放逐し、一寸法師はまんまと娘を手に入れたのだ。このあと鬼退治に成功するのだが、それにしても、やり方がひどいし、そもそも一寸法師は、「化け物風情」とけなされ、捨

てられるところだった。

なぜこんな話が語り継がれたのかというと、住吉大社にヒントは隠されているのかもしれない。なにしろ住吉大神は恐ろしい存在だった。仲哀天皇（第一四代）は九州遠征時、住吉大神のいいつけを守らなかったために、急死してしまっている（『日本書紀』がそう言っている）。しかもその晩、神功皇后（仲哀天皇の正妃）と住吉大神は、夫婦の秘め事をしたと『住吉大社神代記』は証言している（どういうことだ？）。しかも住吉大社の主祭神は住吉大神と神功皇后で、不倫カップルが仲良く社殿を並べている。そして、住吉大社は仲哀天皇を無視している。

一寸法師は住吉大神の申し子なのだから、天皇家も震え上がるパワーを秘めていたわけだ。また住吉大社は、古代史の根幹が覆されるほどの秘密を握っていたのだ。本来なら、政権側から住吉大社に「なぜ仲哀天皇を祀らないのだ」と圧力をかけるべきだが、住吉大神の鬼のように強力な神威には、勝てなかったのだろう。

ところで、祇園祭で有名な京都の八坂神社（京都市東山区）は、疫神（病気をもたらす神）を祀っている。新羅系の牛頭天王なのだが、いつしかスサノヲが習合して祇園信仰を形成していった。今でこそ雅な匂いを漂わす祇園界隈だが、鴨川は意外な暴れ川で、ひとたび溢れると、近辺で疫病が蔓延した。だからここで、牛頭天王が祀られたのだが、いつしか「日本を代表する疫神といえばスサノヲさんがいるではないか」「そういえばスサノヲさんも新羅に舞い下りていた」と、スサノヲが連れてこられて牛頭天王と重ねられた。

ちなみにスサノヲは、『備後国風土記』逸文にも登場する。それが蘇民将来説話で「武塔の神」の名だ。

その昔、武塔の神が、「夜這い（求婚）」に行った。日が暮れ、そこに「将来」兄弟が住んでいた。兄の蘇民将来は貧しく、いっぽう弟の巨旦将来は富み栄えていた。武塔の神は宿を借りようと思ったが、弟は拒み、兄の蘇民将来が迎え入れ、もてなした。

何年かのち、武塔の神は子たちを引き連れ、戻ってきて、蘇民将来の娘に「茅の輪を腰に巻くように」と教える。その夜、茅の輪を付けていないものを、みな殺してしまった。神は、自分がスサノヲであること、のちに疫病がはやったなら、蘇民将来の子孫と言って茅の輪を腰に巻けば、病魔から救われるだろうと語った……。

この説話の中で、スサノヲは病をもたらす疫神であると同時に、疫病から身を守る方法を教えていている。なぜ、病気をもたらす神が病気を鎮めることもできたのだろう。ここに多神教の神の特徴が残されているのだが、原理は、のちに説明する。

史書に正式に登場する鬼もいた

西暦七二〇年に編まれた正史『日本書紀』は、まつろわぬ者どもを蔑視し、野蛮人に描くことが多かった。たとえば、神武東征説話の中に、土蜘蛛が登場する。奈良盆地を囲む山並みや麓のあたり（奈良県奈良市や生駒山、天理市和爾、御所市など）に、たむろしていて（先住の民だから、本来罪はないのだが）服従しなかった。そこで兵を差し向け、殺してしまった。彼らをまとめて土蜘蛛と呼んでいる。また高尾張邑（御所市の西南部）にも土蜘蛛がいて、背が低く手足は長く、侏儒（小人）に似ていた。葛の網を編んで不意を突いて殺してしまったとある。「土蜘蛛」と言うネーミングからして、人間扱いしていない。

『日本書紀』仁徳六十五年条に、飛騨国の宿儺という人物が記録されている。顔が前と後ろにふたつあり、頭の頂はひとつで、うなじがなかった。それぞれに手足があって（計四本）力は強く俊敏で、左右に剣を佩き、四本の手で弓を射た。皇命に従わず人びとを略奪して楽しんでいた。そこで人（和珥臣の祖・難波根子武振熊）を遣わして殺してしまった。これがいわゆる「両面宿儺」の話だ。

二つの顔を持つ妖怪だが、ヤマト政権が東国に進出していく時、各地の土着の首長（豪族）を倒し、それを説話化したのではないかと疑われている。逆に、それぞれの地元では、彼らはしばしば神格化される。

東北の蝦夷たちも、鬼あつかいされた。景行天皇紀に次の記事がある。

「東国に盤踞する人びとの性格は凶暴で、人を辱めることを平気でする。村や集落に長はなく、各々境界を侵しあっては物を盗む。山には邪神がいる。野には鬼がいて往来もふさがれ、多くの人々は苦しんでいる。その中でも蝦夷はとくに手強い」

もちろん、デマ情報なのだが、八世紀の朝廷が、東国を敵視し、悪し様に描き、蝦夷を鬼あつかいしていたことは、まちがいない。

もうひとり、修験道の開祖・役小角（役行者）は、『日本書紀』の次に書かれる正史『続日本紀』に登場する実在の人物だが、のちの時代の伝承の中で、鬼を自在に操る超人として描かれている。たとえば『今昔物語集』には、諸々の鬼神を集めて葛城から吉野の金峯山への道を造り、石を運ばせたとある。要は、山の民を使役したのだが、その鬼たちの中でも「前鬼・後鬼」が有名だ。生駒山に棲む悪い鬼の夫婦だったが、役小角が捕らえて改心させたという。モデルとなったのは、山の民や山伏であろう。山の民もまた、鬼とみなされていたのだ。

祟る蘇我の鬼

歴史の敗者も、鬼と見立てられている。『日本書紀』が編纂された段階で権力を握っていたのは藤原氏で、かつての政敵は、みな鬼にされている。もっとも分かりやすいのは、蘇我氏だろう。

「ガゴゼ」「ガゴジ」という日本語がある。意味は「鬼」だ。言葉の由来は、以下の通り。尾張（愛知県西部）出身の雷神の申し子が元興寺（蘇我氏のお寺）の童子（得度前の少年で、小間使いをする）になった。折しも元興寺に鬼が出没し、童子がこれを退治した。そこでこの童子をガゴゼと呼び、「元興寺の鬼」と信じられるようになった。「鬼を退治した童子」もまた〝鬼〟と信じられたわけだ。

お伽話で童子が鬼を退治するのは、童子には鬼と同等の力を保持していると信じられていたからだ。神の両面性は「和魂（恵みをもたらす神）」「荒魂（祟りをもたらす鬼）」と分けることができるが、これは翁と童子の対比にもなる。翁は、死（神）

の世界に近く、穏やかだ。対する童子は、生命力に溢れ、信じがたい成長をする。だから荒魂の属性を持つ。そこで、童子は鬼と対等の力をもつ鬼そのものと考えられたのだ。

また、成人しても童子のように泣きはらし（スサノヲ）、成長しなかった者（一寸法師）も、鬼と考えられた。さらに、普通の大人でも、蓑笠（スサノヲ）や腰蓑（浦島太郎）を着けたことを特記してあれば、鬼とみなされたのだ。

この「鬼の条件」がわかってくると、蘇我氏の建立した寺が鬼とかかわっていくのも、必然だったと思えてくる。斉明元年（六五五）、笠をかぶった異形の者（鬼）が現れた。葛城山から生駒山、住吉に飛んでいった。斉明七年（六六一）には、朝倉橘広庭宮（福岡県朝倉市）に滞在する斉明女帝のまわりに鬼火が現れ、近習の者がバタバタ亡くなり、斉明天皇も亡くなってしまった。葬儀の様を、大きな笠を着た鬼が見守っていたという。斉明天皇は蘇我入鹿の暗殺現場に居合わせたから、蘇我入鹿が恨んで出てきたようだ。このあと、親蘇我派の長屋王（天武天皇の孫）も、鬼となる。

藤原氏は権力に執着し、邪魔者を次から次と抹殺していった。優秀な者は、ワナにはめて皆殺しにした。その中でも長屋王は悲惨だった。藤原不比等の四人の子

（武智麻呂、房前、宇合、麻呂）が独裁権力を握ろうとする中、藤原氏に抵抗し、邪魔にされた。結局、謀反の嫌疑をかけられ（冤罪だった）、一家は全滅した（藤原系の子らは助かった）。長屋王の妃の吉備内親王は元明帝の娘で、文武・元正の実妹という蘇我系の有力皇族で、藤原氏は、この夫婦の間の子たちも、抹殺したかったのだ。そのあと藤原四子（兄弟）は「わが世の春」を謳歌していたが、天然痘の病魔に全員襲われてしまった。長屋王の祟りと恐れられたようだ。祟るのは鬼であり、長屋王は鬼あつかいされていないが、その正体は、親蘇我派の祟り神であり、正真正銘の鬼となった。

長屋王たち、藤原氏に追い詰められた人びとは、どこにも祀られていないが、おそらく法隆寺（奈良県生駒郡斑鳩町）で、ひとまとめにして祀られたのだろう。法隆寺には童子像がやたら目につき、謎とされてきたが、童子は鬼であり、法隆寺は鬼の館なのだ。のちの御霊信仰の端緒と言ってよい。

歴史の敗者が鬼とみなされ、恐れられたのだ。

雷神を服従させた強い天皇の話

お伽話や歴史に登場する鬼とは何か、おおよその見当がついてきたのではなかろうか。敗者のなれの果てが、鬼だった可能性が出てきた。そうなると、これまでの常識そのままに、「勝者＝天皇＝聖」、「敗者＝鬼＝賤」という単純な構図が描けるのだろうか。

振り出しに戻ったわけではない。ここからが、大切なことなのだ。

注目すべきは「天皇」なのだと思う。彼らはこれまで信じられてきたような「歴史の勝者」ではないからだ。少なくとも、天皇は権力者ではなかったし、いつのまにか、天皇は御簾（みす）の奥に囲い込まれるが、天皇は「蓑笠」を着る代わりに、「御簾の奥に隠されてしまった」可能性を疑っているのだ。「神聖な天皇（神）」は、鬼と同じように隠されたのであり、隠れる者は「オン＝鬼」なのである。ここに、「天皇と鬼」の謎を解（と）くヒントが隠されていると思う。

そこで改めて、「天皇とは何者なのか」を、探っておきたい。

天皇の「力」を知るうえで、興味深い説話がある。平安時代初期に薬師寺（やくしじ）（奈良市西ノ京町（にしのきょう））の僧が書いた仏教説話集『日本霊異記（にほんりょういき）』の中に、五世紀後半の雄略（ゆうりゃく）天皇にまつわる話が載っているのだ。

磐余宮（磐余は奈良県桜井市西部と橿原市東部の古地名）での出来事だ。雄略天皇が大安殿（大極殿）で后と懇ろになっているのを知らずに、護衛武官（随身）の小子部栖軽は入室してしまった。

恥ずかしいところを見られてしまった雄略天皇は照れ隠しに、

「お前は、雷を迎えてくることはできるか」

と尋ねた。小子部栖軽はこの無茶な要求を（おそらく、あわてふためいて）請け負ってしまったのである。

宮を出ると赤い蘰（髪飾り）を額につけ（鉢巻きのようにした）、赤い幡桙を捧げて馬に乗り、阿倍の山田（桜井市）の前の道と豊浦寺（高市郡明日香村）の前の道を行き（桜井市から山田寺跡を経由して明日香に抜ける道だ）、軽の諸越（橿原市西南部。畝傍山の東南部）の衢（街なか）で、大声で叫んでみた。

「天の鳴雷神よ、天皇がお呼びだ」

そうしておいて、踵を返し、走りながらふたたび叫んだ。

「雷神といえども、なぜ天皇の命令に逆らえようか」

すると、豊浦寺と飯岡（不明）の間に雷神は落ちていた。小子部栖軽は神官を呼び、雷神を駕籠に乗せて宮に向かった。天皇に「雷神を迎え入れました」と報告した。雷神は光を放って照り輝いたので、天皇は恐ろしくなった。幣帛を奉り、落ちていたところに返させたという。その地を今、雷の岡（雷丘）と呼ぶ。

恐ろしい雷神でさえも天皇に逆らうことはできなかったと、この説話は伝えている。ならば、天皇は強大な力を振り回していたのだろうか。少なくとも、平安時代初期には、そういう認識があったということだろう。

しかし、だからといって「天皇に実権が備わっていた」と決めつけることはできない。雷神をも服従させたとはいえ、それは祭司王の役割であって、政治的に周囲を圧倒していたかというと、別の問題になるのである。

このあたりが、天皇という存在のむずかしさなのだ。天皇は本当に強い王だったのだろうか。筆者は、疑わしく思っている。

日本列島には「強い王」はあらわれない

天皇と「鬼」をめぐる謎解きは、とても複雑なため、あらかじめひとつ、前提を掲げておきたい。大前提であり、これから説明してたどり着くひとつの結論でもある。

それは、「天皇（日本の王）は、原則的に弱い」ということなのだ。

もちろん、突発的に暴れ回り、権力を振りかざす天皇や院（太上天皇）も現れた。五世紀の雄略天皇は、クーデターで兄弟や親族、有力豪族を次々となぎ倒し、玉座を手に入れ、誤って人を殺してしまうこともあり、「大だ悪しくまします天皇なり」と罵られた。しかしそれは例外中の例外であり、「ご乱心」の背景には、それなりの理由があったのだ。この点に関しては、第三章で詳しく触れる。

たとえば奈良時代の聖武天皇（第四五代、在位七二四〜七四九）は、天平十五年（七四三）冬十月十五日、大仏発願の詔の中で、「天下の富と権力を持っているのは朕（私）だ。その富と権力を使い、大仏を造ろうと思う」という傲慢で尊大な発言をしている。この様子を見るにつけ、「天皇は弱い王」という言葉は、にわかには信じられないかもしれない。

しかしくどいようだが、聖武天皇のこの発言にも、「深い理由」が隠されていたのだ。聖武天皇はこのあと、「私の言葉は誤解されるかもしれない」と言い、独善的ともとれる詔の真意を述べている。その内容は、決して尊大な王の態度ではない（詳細はふたたびゆっくりと語る）。

くどいようだが、天皇は決して強い王ではない。原則的には弱い王だったのだ。

天皇が強くなれなかった理由は二つあるように思われる。

まず第一に、地勢上の条件である。中国と比較すれば一目瞭然だ。

なぜ中国歴代王朝は広大な国土をまとめ上げ、皇帝は強大な権力を手に入れることができたのだろう。それでいてなぜ王朝は滅び、次から次へと新たな支配者が現れたのだろう。

答えは至って簡単なことで、「起伏の少ない国土」「森や林を失ってしまったこと」の二つの条件が、強い王と広大な統一国家を生んだのだ。

太古の中国は深い森に覆われていた。そのころはいくつもの地域に分かれていたが、青銅器文明や鉄器文明によって樹木は燃料として使い果たされてしまったのだ。その結果、荒涼とした大地が出現した。中国歴代王朝が「万里の長城」を築かざるを得なかったのは、見渡すかぎりの荒れ地と平原に騎馬軍団が襲いかかれば、ひとたまりもなかったからだ。騎馬軍団でなくとも、ゲリラ戦が不可能な平原ならば、それこそ「根こそぎ」「蹂躙」という言葉がふさわしいほど、強い者が我が物顔で国土を平定できたのである。

その点、日本列島は周囲を海に囲まれ、しかも大平原はほとんど存在しなかった。わずかな平地でさえ、太古の日本は湿地帯が多かったのだ。「葦原中国」とは、そんな国土の特性をみごとに表現している。

神話の中でスサノヲ（素戔嗚尊、須佐之男命）は、「朝鮮半島には、金の宝（金属）があるが、日本には浮く宝がなければいけない」と言っている。浮く宝とは船（丸木舟）のことで、また、木材全般を指している。

中国の金属文明を日本よりも早く受け入れていた朝鮮半島も、やはり森林を失っていたことが、この言葉からよく分かる。朝鮮半島には大平原がなかったから統一されるのはだいぶ時代が下るが、問題は日本列島のほうで、山と谷が連続する地形、しかも大森林に覆われているとすれば、多様な文化圏が生まれ、それぞれの地域が自立していることが普通であった。権力者が侵犯しようと思っても深い森と山が邪魔になった。だから日本では、強い王、独裁者はなかなか現れなかったのである。

天皇は「神」で「鬼」だった

天皇が弱い王であった大きな理由がもうひとつある。それは、信仰の違いだ。そしてここで「鬼」が絡んでくる。

日本人にとっての「神」とは、恵みをもたらすありがたい存在である以前に、人びとを苦しめる恐ろしい「鬼」のような存在だったのだ。

精霊や魂は万物(ばんぶつ)に宿ると信じたのがアニミズムで、ここから発展した多神教世界では、ありとあらゆる場所に神々が現れると考えた。そして「神」とは、一神教の言うような絶対の正義ではなく、良いこともするが悪いこともする、人間とそっくりな存在なのだった。いや正確に言うと、日本人にとっての神とは「大自然そのもの」と考えると実に分かりやすい。風や雲、嵐、雷、山、巨岩、奇岩、路傍(ろぼう)の石、川、樹木、ありとあらゆる「物(モノ)」に神は宿ると信じた。

そして大自然は人智を超えた力を持ち、当然のことながら災害をもたらし、人びとを苦しめた。だから人間は神を祀り、神の怒りを鎮めることに躍起(やっき)になった。これが「祭り」の起源であり、神をなだめすかせば、神は恵みをもたらす存在に変身するのである。

「神」は原則的に恐ろしい存在で、「祟る神」だった。後世で言う「鬼」そのものだ。恵みをもたらすのが「神」とすれば、そのもとの姿は「祟る神＝鬼」で、大自然の猛威そのものだった。ただし、「鬼（祟る神）」をおだてて鎮めれば、恵みをもたらす「神」になった。すでに触れた蘇民将来説話の中で、スサノヲが疫神なのに病気を鎮める神として登場したのは、神と鬼が、表裏一体だったからだ。

神社には本来、拝殿も本殿もなかった。神（鬼）は「物」に宿るのだから、ただただ磐座や御神木が祀られているだけだった。磐座や御神木には神が依り来り、これを祀った。現在、神社にものものしい構造物が建てられるのは、仏教伽藍に影響されたからだ。本当は、神社に「人工物」は似合わないはずなのだ。「鎮守杜」は必要不可欠だが、社殿は絶対に必要なものではない。

この多神教世界の常識が呑み込めると、天皇の意味もだいぶ明らかになってくる。天皇に手をかければ恐ろしい目に遭うと、人びとは「漠然と信じてきた」が、その理由も「神道」の本質が分かれば明らかになってくる。

大軍団を抱えた武士でさえ、天皇や院は恐ろしかったようだ。承久の乱（一二二一）で、後鳥羽上皇（第八二代天皇、在位一一八三〜九八）は鎌倉幕府第二代執権・北条義時追討の院宣を発した。これに対し鎌倉幕府は、十九万の大軍で朝廷軍を圧倒した。ただしこのとき、もし朝廷側が「錦の御旗」を掲げてきたら恭順するつもりだったという。

結局、幕府軍が勝利し、後鳥羽上皇は隠岐（島根県）に流された。十数年ののち後鳥羽上皇は幕府を恨みながら没したが、このあと大変なことが起きた。この年から幕府の要人が次々と亡くなっていった。第三代執権・北条泰時まで発狂して頓死すると、後鳥羽上皇の祟りが噂され、「天魔蜂起」と恐れられたのだった。

なぜ天皇や院は恐れられたのだろう。それは、天皇がもともと祭司王で、神聖な存在だったからだろう。天皇は「神」のような存在だったのだ。そして、ここで用心せねばならないのは、日本人にとって「神」とは「鬼」と同意語であり、「神聖な天皇」とは要するに「鬼のような天皇」でもあったのだ。

だからこそ、「ひとたび天皇（院）が怒れば、恐ろしい目に遭う」と、誰もが信じて疑わなかったのだろう。

天皇は「弱い王なのに恐ろしい」という矛盾した存在なのだ。その理由は、日本人の信仰形態を考えれば、むしろ当然のことだったことが分かる。単純な理屈であり、「謎」など、どこにもない。

明治以降に登場したさまざまな天皇論

筆者は「天皇は弱い王だった」と考えるが、「天皇は権力者だった」という考えが長い間、史学界の多数派だった。

このあたりの事情を理解しておかないと話が続かないので、「天皇は権力者だったのか、あるいは弱い王だったのか」、史学界の研究の歴史を振り返っておかなければならない。少し専門的になるがしばらく辛抱してほしい。退屈だと思われた読者は、四六ページに飛んでくださってもけっこうである。

さて、明治維新は「王政復古」をスローガンにした一種の復古主義でもあった。古代の官職名が蘇り、「万機親裁」が標榜され、「強い天皇」のイメージが強調された。

今から考えれば、このような「強い天皇」は、伝統的な天皇とはまったく相容れないものであった。明治政府が富国強兵策を採り、西欧列強を模倣し、キリスト教的で一神教的な「神」と天皇をダブらせた結果、生まれた。これはいわば、「突然変異の天皇」だったのである。

そのせいもあってか、敗戦以前の興味深い天皇論はまず日本共産党から提出されているが、それは近代天皇にまつわる論考であって、古代から綿々と続いた日本の王（大王、天皇）の正体に迫る研究ではなかった。しかも「天皇制打倒」を目的に研究が進められたことで、当然弾圧も受けたために、成果が上がったわけではなかった。

戦後の史学界もイデオロギー色が濃厚で「天皇制打倒」のための古代史が一世を風靡(ふうび)した感がある。

たとえば井上清(いのうえきよし)は、次のように指摘している。長くなるが、この時代の雰囲気が分かりやすいので引用する。

　これらの最初の頃の「大君(おおきみ)」というのは、南朝鮮から非常に優れた生産技術・武力を持ってこの日本列島の地にやってきて、勝利者となって原住民を支配した人たちではないか。それをはっきり断定することは出来ないけれども、とにかく古代の最初の日本列島社会における国家の形成と、朝鮮からの渡来人(とらいじん)と非常に密接な関係があるということは、明白です。今の天皇家の血統が、わりと正確に知られる七世紀以後になりましても、朝鮮から来た女性と結婚した天皇はなんぼでもあるわけで、別に血統というようなことで、万世一系(ばんせいいっけい)、神様の子孫であるなんてことはどのようにそれを言い立てても話にはならん。なお、五～六世紀に日本の王権が南朝鮮に植民地をもった——任那(みまな)の日本府というものがあったなどと戦前は言われており、今でもそういう人もあるが、これは反対で、朝鮮の国家が日本列島に植民地のようなものをもっていたというのが本当のようです。

いずれにしても五世紀の末、六世紀、これが「大君」の全盛時代ですね。そして、「大君」は単に政治上に権力を握ったというだけじゃなしに、宗教上の最高権威でもあった。（『天皇制と部落差別』明石書店）

天皇は文化の進んだ朝鮮半島からやってきて日本を征服した。そして強大な権力を有し、その権力は祭司王としての権威が裏づけていた……。このような発想は、昭和二十三年（一九四八）、江上波夫（えがみなみお）の「騎馬民族征服王朝説」がきっかけとなった。江上波夫は、中国東北部の騎馬民族が四世紀に九州島に上陸し、五世紀初頭に畿内（きない）に移り、王権を樹立したといい、史学界に衝撃を与えた。

そしてこののち、いくつもの王朝交替説が飛び出してゆく。

昭和二十七年（一九五二）には水野祐（みずのゆう）が『日本古代王朝史論序説』（小宮山書店）を発表した。ヤマトでは三つの王朝（古王朝、中王朝、新王朝）が入れ替わり立ち替わり王朝を開いたというのだ。

この推理は戦後の史学界をリードしていく。ヤマトの王権をめぐる謎解きは、この仮説を中心に回っていった感がある。

実態は貴族制支配だったとする説

このように「日本は渡来人に征服された」「王家は何度も入れ替わった」という発想は戦後の代表的な歴史観だった。だいたい、敗戦国の負い目もあったから「古代の一時期、朝鮮半島を支配していた可能性も捨てきれない」と発言するだけで、反動的とレッテルを貼られかねない雰囲気があったのだ。しかし徐々に、客観的に歴史を見直す気運が高まってきているように思う。そして、天皇とは何者なのか、いくつもの画期的な推論が提出されるようになっていく。

昭和二十七年（一九五二）、関晃（せきあきら）が画期的な仮説を提出した。それによれば大化改新の目的は、畿内の豪族（貴族層）が、民（たみ）の支配権を分有していた地方豪族から権力を巻き上げようとしたものとする。つまり、王家と畿内豪族という支配階級内部の抗争、さらに支配階級と地方豪族の抗争という二重の構造で捉え直す必要があると断じた。そして古代国家は、君主制で専制国家の形をとったが、実態は貴族制支配だったという。また、七世紀の大化改新は天皇の復権ではなく、すなわち古代の天皇に強大な権力は与えられていなかったというのである。

その一方で関晃は、専制君主制を目指す天皇権力と、地方を抑えて権力の基礎を構築し拡大しようとする貴族層の二つの立場の合作によって、強大な律令体制の構築が進められていった、とするのである。

根拠は三つだ。

まず第一に、『日本書紀』舒明天皇（第三四代、在位六二九～六四一）即位前紀の記事などから、大化改新以前、朝廷には「大臣」や「大連」の下に「大夫」という地位があって、合議制が維持されていたことが推測される。この存在が律令制定後の合議制の基礎となった可能性が高い。

第二に、天皇が発布する詔勅（命令）には、「太政官」という官人の副署（重ねて署名すること。天皇を補弼する者の署名）が必要だった。つまり、天皇の権力行使が太政官によって制限を受けていた。

第三に、天皇は軍事的な基盤を持っていないのに対し、畿内貴族は律令の規定によっていくつかの特権を有し、高い地位は実質的に世襲できる仕組みになっていた（蔭位制）。また人事権に関しても、官人の任用と昇進、処分は規定がはっきりとしていて、天皇個人の意志が介入することは稀だとする。

もちろん、はじめ関晃の考えはなかなか受け入れられなかった。しかし、早川庄八、青木和夫らによって関晃の考えは少しずつ肉づけされ、支持者を増やしていった。

律令制定以前の豪族たちによる政治形態が律令規定の中に組み込まれ、太政官は立法権や勅命審議権、皇位継承を認知する権限を保有し、畿内政権がそのまま律令国家に移行していったと指摘している。天皇は貴族層に共立される存在である一方で、畿内貴族が地方豪族を支配するには在地首長層の協力が必要で、天皇を戴く統一体を媒介することによって地方首長層を掌握できた、と指摘したのである。

この指摘は無視できない。のちに触れるように、考古学はヤマト政権が寄せ集めの連合体だったことを突きとめている。多くの人々の手で、ヤマトの王は担ぎ上げられ、実権を握っていたのは、畿内に集まってきた豪族（首長）たちだったことを明らかにしている。

藤原氏が隠そうとした真実とは

「天皇の正体」へのヒントは『日本書紀』にある

ここではっきりとさせておきたいのは、『日本書紀』のことなのである。かつては天皇家が権力を握っていたと信じられていたから、当然『日本書紀』も、天皇家が編纂の中心に立っていたと信じられていた。だが、ヤマト建国当初の天皇は強い王ではなかったことを考古学は指摘し、史学者も「実権を握っていたのは豪族たち」と指摘するようになってきた。とすれば、『日本書紀』編纂目的が「王家の歴史を美化するため」というこれまでの常識を、疑ってかかる必要があるし、『日本書紀』の編纂目的を知れば、「天皇と鬼」の正体も、明らかになってくる予感がある。

ならば、『日本書紀』は、誰が、何を目的に記したのだろう。『日本書紀』について、考えておきたい。

まず、史学界はこれまで『日本書紀』の古い記事はあてにならないと切り捨ててきた。神話のみならず、ヤマト建国から五世紀の記事でさえ、どこまで信用できるか分からないと疑ってかかったのだ。

根底には進歩史観があって、古代人をなめてかかっていると思う。すなわち、文化も文明も古い時代よりも現代のほうが進んでいる、という優越感である。文字のなかった古代に正確な歴史は残されていなかったと思い込んでいる。『日本書紀』は七二〇年に成立したが、当時、ヤマト建国の正確な記憶はすでに霧散してしまっていたと信じているのである。

しかし、『日本書紀』の編纂目的が「歴史改竄」だったと仮定すると、別の推論が働く。ヤマト建国から七世紀に至る民族の大切な過去は『日本書紀』によって棄てられ、ねじ曲げられてしまったのではないかと思えてくるのである。

誰が、何のために？　『日本書紀』編纂前後の時代背景を冷静に見つめ直せば、答えは得られよう。

まず『日本書紀』編纂の前と後では、文化、政治、ありとあらゆる場面で大きな変化があった。

たとえば、三世紀後半から四世紀にかけてヤマトは建国され、同時に前方後円墳（定型化した前方後円墳）が誕生した。爾来六世紀末から七世紀初頭に至るまで、前方後円墳は王家や豪族たちの墳墓として継承されてきたのだ。ところが突然、前方後円墳は姿を消す。ほぼ同時に、小振りな円墳や方墳、上円下方墳が選ばれ、さらに仏教寺院の建立が始まっている。

制度改革も進んだ。すでに触れたように律令制度が整ったのだ。大宝律令（七〇一）によって、統治システムは劇的な変化を遂げたのである。

神道も様変わりした。仏教の大伽藍に影響を受け、神社も拝殿や本殿を建てるようになった。さらに伊勢神宮が整備され、神話が整った。『日本書紀』の中で、はじめて「神道」という言葉が登場した。

『日本書紀』は藤原氏の正義を構築するための書

もっと大きな変化があった。それは朝堂（政治の場）に集まる顔ぶれである。

古代の大豪族といえば、物部氏、大伴氏、蘇我氏、紀氏、阿倍氏らの名が思い浮かぶ。しかし彼らは七世紀から八世紀を境に急速に衰退していく。代わって台頭したのが中臣鎌足の末裔の藤原氏（中臣氏）であり、これは政権交替というにふさわしい。

　中臣鎌足の子の藤原不比等が藤原氏繁栄の基礎固めをすると、こののち藤原氏は「藤原氏だけが栄える世界」の構築を目指した。合議制とは名ばかりで、蔭位制を悪用し、藤原氏だけで政権を固めた。そして刃向かう者、邪魔になった者を蹴落とした。皇族といえども、容赦しなかったのだ。近世に至るまで、藤原氏は日本を代表する貴族として君臨し、他者との共存を拒み続けたのである。

　また同族の中臣氏は、神道祭祀を都合よく改編してしまった。平安時代初期、斎部広成は『古語拾遺』を記し、中臣氏の横暴を訴えている。神道を中臣氏が私物化してしまったと嘆いたのだ。いまだに神道界では「中臣にあらずんば」という空気が流れているという。

『日本書紀』編纂時の最高権力者は藤原不比等であった。当然、歴史編纂に口出ししただろうし、自家にとって都合の悪いことは抹殺し、打ち破ってきた政敵たちを大悪人に仕立て上げることもあっただろう。

「藤原政権」は浮き沈みを繰り返しながらもこののち長い間続いていくのだから、藤原氏が構築した歴史観が古代史そのものになった。だからこそわれわれは「政争の勝者の一方的な主張を鵜呑みにしてはならない」のであり、『日本書紀』の記事の裏側をじっくり検証する必要があると言いたいのだ。

けれどもこれまで『日本書紀』の記事は「正史だから」と高く評価され続けてきた。「正史」とは朝廷が正式に編纂した歴史書という意味であり、事実として「正しい歴史書」であるかどうかは分からない。歴史を改竄した部分はかなりあると筆者は見ている。

その歴史改竄の最たるものは「蘇我入鹿大悪人説」ではなかろうか。藤原氏勃興のきっかけを作ったのは、藤原不比等の父・中臣鎌足の蘇我入鹿暗殺（乙巳の変、六四五）だった。蘇我入鹿といえば、天皇家を蔑ろにし、改革事業の邪魔立てをした大悪人と信じられている。蘇我入鹿と蘇我本宗家を滅ぼすことによって、ようやく天皇家は復活することができたと、教科書にも書かれている。もちろん、蘇我入鹿暗殺を計画し実行した中臣鎌足は、中大兄皇子（天智天皇）とともに、日本史の英雄として高く評価を受けて今日に至った。

しかしこの歴史観こそ、『日本書紀』の構築した「正義の藤原氏」の図式で、歴史の勝者の構築した歴史観であり、鵜呑みにすることはできないのである。

『日本書紀』編者が施した巧妙な「政変隠し」

もし仮に蘇我入鹿殺しが「正義の戦い」ではなく、中臣鎌足の私利私欲の犯罪行為であったとすれば、藤原不比等は事実をねじ曲げ、あらゆる手段を使って蘇我入鹿暗殺の正当性を捏造して、父・中臣鎌足を英雄に仕立て上げてみせただろう。事実、その証拠はいくつも挙がっている（のちに詳述）。

極論すれば、『日本書紀』は朝堂のトップに立った藤原不比等が中臣鎌足による蘇我入鹿殺しを正当化するために編纂した歴史書だったのではあるまいか。

蘇我氏だけではない。古代豪族の多くが藤原氏の台頭と反比例するように没落していったのだ。三世紀から七世紀は「前藤原政権」、八世紀以降は「藤原政権」と単純に振り分けてしまえば、『日本書紀』の編纂目的は「藤原政権」の正当性・正統性を構築するために「前政権」の正義を抹殺することにあったと気づかれるはずである。

そしてすでに触れたようにヤマト建国の歴史も、「知っていたからこそ改竄した」「熟知していたから知らぬ振りをした」「都合が悪かったから神話や説話にしてしまった」と、疑うべきなのである。

考えてみれば、『日本書紀』が編纂されたということは、その直前に「政変」「地殻変動」「政治地図の塗り替え」が起きていた可能性が高いことになる。

七世紀から八世紀初頭にかけて、王家が入れ替わったなどという話は聞いたことがない。あるいは、日本が一八〇度ひっくり返ったなどという話も『日本書紀』から読み取ることはできない。これは不思議なことなのだ。そして史学者たちも、この時代に制度改革は実行されたが、大きな政変が起きていたことなど、まったく気づいていないのだ。

しかしこれまで話してきたように、律令制度が整備されるだけではなく、旧豪族層が没落し、藤原氏だけが栄える時代が到来していたのだ。王家は入れ替わっていなくとも、政権の担(にな)い手が入れ替わったのだから、これは政変だ。『日本書紀』は「前政権の非」を唱え（蘇我氏に代表される旧豪族たちのダメッぷりを強調し）、「英雄＝中臣鎌足」を大いに顕彰(けんしょう)し、中臣鎌足による世直し（もちろん、勝者側の一方的な言い分だが）を『日本書紀』の中に記録したのである。

『日本書紀』は実に巧妙だった。「政変隠し」をみごとに成し遂げているし、またその逆の「英雄（中臣鎌足）礼讃(らいさん)」にも成功した。その証拠に、いまだに学校の歴史の授業では「蘇我入鹿大悪人説」が教えられているではないか。
「蘇我氏見直し論」は徐々に広まっていて「蘇我氏は意外にいいヤツだった」という意見が増えてきた。「蘇我氏は改革派」という見方もわずかだが存在する。また『竹取物語』のように、『日本書紀』によって隠匿された藤原氏の悪逆ぶりを暗示によって糾弾する文書が登場したという指摘もある（梅澤恵美子著『竹取物語と中将姫伝説』三一書房）。それはそうだろう。これまで約一千三百年にわたって、蘇我氏は弁護人のいない暗黒裁判の被害者であり続けてきたのである。

　問題は、蘇我氏を悪人に仕立て上げるために『日本書紀』が嘘をつき、その嘘を覆い隠すために嘘の連鎖が生まれ、とうとう六〜七世紀のみならず、ヤマト建国の歴史さえも事実を隠蔽する必要に迫られてしまったらしいことだ。

　ここでは詳しくは語らないが、蘇我氏は神話の出雲神と強く結ばれている。それはなぜかといえば、蘇我氏がヤマト建国以来続いた名門氏族（豪族）だったからだろう。蘇我氏の祖はヤマト建国に大いにかかわっていて、蘇我氏が正統な氏族だったからこそ、『日本書紀』は「ヤマト建国の真相」を闇に葬ってしまったわけである（拙著『蘇我氏の正体』新潮文庫）。

　なぜ『日本書紀』と蘇我氏の話をしたかといえば、天皇の正体を知るためには、

『日本書紀』がいかなる文書だったのか、その性格を知っておく必要があるからだ。

「天皇」をめぐる通説の考え方には、もうひとつ不満がある。それは、戦後の史学界は、「律令制下の天皇」に拘泥するあまり（つまり、制度史の中の天皇）、天皇をひとつの枠にはめて考えようとしている節がある。

しかし、「天皇も人間」なのだから、制度史だけでは捉えきれないはずだ。「別の顔」があってもおかしくはない。たとえば「暴走してしまった天皇」の理由を、制度史だけで解き、「天皇とはこういうもの」と定義することは無理なのだ。

その一方で、三～四世紀のヤマト建国以来八世紀に至る天皇の歴史を、連続して具体的に再現することができれば、天皇の正体を割り出すことが可能になると思う。

そんなことができるわけがない？　あきらめる必要はない。『日本書紀』は藤原氏が滅ぼした蘇我氏の正体や旧豪族層の活躍を抹殺するために記された歴史書だから、それを逆手にとって解読していけばよいだけの話だ。しかもわれわれは考古学の物証を次々と手に入れることができている。『日本書紀』編者が巧妙に仕掛けた「嘘」「カラクリ」も、遺物と照らし合わせることで突き崩すことが可能になってきたのだ。

考古学が証明する「弱い王」の実態

律令制度完成後の天皇が強い王なのか弱い王なのか、あるいは弱いときも強いときもあったのか。それを知るためにまず、ヤマト建国当初のヤマトの王（天皇）が弱い王だったことを明らかにしておきたい。それを証明しているのが考古学だと思う。

『古事記』や『日本書紀』に描かれた「神武東征説話」が強烈なイメージで焼きついていたせいだろうか、東征説話は「邪馬台国（やまたいこく）論争」にも影響を与え、九州の邪馬台国が東に移ってヤマトは建国されたとする考えがかつては優勢だった。ところが考古学が進展し発掘調査の数が増えて弥生（やよい）時代後期からヤマト建国に至る道のりの詳細が分かってくると、神武東征、邪馬台国東遷（とうせん）は疑わしくなってきたのだ。

どこから説明していけば分かりやすいだろう。

ヤマトは、いくつもの地域が集まって完成した、いわば地域連合であった。二世紀末から三世紀初頭、奈良盆地東南の隅、三輪山（みわやま）のお膝元（ひざもと）の扇状地・纒向（まきむく）に前代未聞の政治と宗教に特化された都市が生まれていて、各地の土器が集まっていたのだ。

土器だけではない。前方後円墳は纒向で生まれるが、この独自で斬新な墳墓は、やはり各地の埋葬文化（信仰形態）を寄せ集めて造った可能性が高い。吉備（岡山県と広島県東部）からもたらされたのは前方後円墳の原型と、特殊器台形土器、特殊壺形土器だ。出雲（島根県東部）の四隅突出型墳丘墓に張りめぐらされた「貼石」は前方後円墳の「葺石」となり、九州からは豪奢な副葬品文化がもたらされた。意外なことに、ヤマト周辺の弥生時代後期の埋葬文化は他地域と比べると貧弱で、方形周溝墓の「溝」の部分が前方後円墳の「堀」になったのではないかと疑われている程度だ。

前方後円墳は、四世紀にかけて日本各地に伝播していく（採用しなかった地域も当然あったが）。ヤマトに各地の文化が寄り集まって前方後円墳が完成し、この新たな埋葬文化を各地の有力者（首長）たちが取り込むことによって「ゆるやかな連合体」が成立した。これが古墳時代の始まりであり、ヤマト建国時の様相であった。

興味深いのは、ヤマトの王の宮になぜか城壁が採用されなかったことだ。もし仮にヤマトの王が征服者で外からやってきたのなら、これは信じがたい事態ではないか。

不思議なことはもうひとつある。

ヤマト黎明期の王は、まだ日本列島中が戦乱に明け暮れ、神話の混沌のような状態で忽然と出現し、しかも征服王でもないのになぜか混乱を収拾し、殺し合いが続いた弥生時代を終焉させてしまったのだ。

建国の第一歩は「戦乱からの脱却」だったのだ。民族の歴史の中で幸いなことではないか。

ならば、強くもない王がなぜ、いがみ合う人びとをなだめすかすことができたのだろう。武力に秀でた弥生時代の首長層とは毛色の違う王が出現した意味を、どう考えればよいのだろう。やはりヤマト建国そのものが摩訶不思議な事件だったのだ。そして、それを達成したヤマトの王が謎を秘めているのである。

農耕がもたらした弥生時代の戦乱

弥生時代には何度か戦乱のピークがあったようで、各地に高地性集落が造られている。生活するには不便な場所に、戦乱を避けるように集落があちこち生まれたのだ。

とくに弥生時代後期の戦乱は激しかったようで、中国の歴史書にも、桓霊（後漢の桓帝と霊帝の時代。一四六～一八九）の間に「倭国乱」「倭国大乱」が起きていたと記録されている。

これは日本列島内だけの問題ではなく、中国王朝や朝鮮半島の国際的な動乱とリンクしていた可能性も指摘されている。東アジアのパワーバランスが崩れ、新秩序の構築が模索されはじめていたのである。

「魏志倭人伝」には「本また男子を以て王となし、住まること七、八十年。倭国乱れ、相攻伐すること歴年」とある。その後、女王・卑弥呼が立って、いったん平和になるが、卑弥呼の最晩年の正始八年（二四七）には、倭国と南側の狗奴国が戦闘状態に突入した。また、卑弥呼亡き後、男王が立つが「国中服せず」といい、争いで千余人が死んだ。そこで卑弥呼の宗女・台与（壱与）を王に立てると、国は穏やかになったという。これが「魏志倭人伝」の邪馬台国にまつわる記事であり、卑弥呼の時代、まだ混乱が完璧に収拾していなかったことが分かる。

それはともかく、弥生時代に日本列島に無数の高地性集落が築かれ、にらみ合いが続いていたのは、東アジア情勢だけではその理由を説明することは不可能だ。

一万年以上続いた縄文時代、日本列島で組織的な戦闘が起きていた様子はない。少なくとも、今のところそれを証明するような遺物は発見されていない。ところが、稲作が伝えられ、各地で農耕を選択してからしばらくすると、鏃(やじり)の刺さったままの屍骸(しがい)や、明らかに撲殺(ぼくさつ)されたと思われる死体が各地から見つかっている。

なぜ弥生時代に人びとは戦争をはじめたのだろう――。こういう仮説がある。

人類は農業を選択したときに戦争をするようになったというのだ。

またこれと関連して、マンモスのような大型動物が絶滅したのも農業とかかわりがあるという。狩猟民は、獲物を捕りすぎればやがて自滅してしまうことを本能的に知っていて乱獲をしなかったが、農業を知ってしまった人びとはマンモスが滅びても食いっぱぐれないと乱獲をしてしまったらしい（コリン・タッジ著『農業は人類の原罪である 進化論の現在』新潮社）。

農業をはじめると、人間は「動物として守るべき本能」を失ってしまうようだ。ひたすら欲望を追い求めるようになってしまう。農耕は必要以上の食糧を生み出し、人口爆発を起こす。すると今度は農地が足りなくなり、水利と土地をめぐって周囲と争いが起きる。そしてこれが戦争に発展する。

かつて「騎馬民族は好戦的、農耕民は平和主義」と信じられていたが、これは大きな誤解だったのだ。戦争は農耕民の宿命だったのである。

謎だらけの「神武東征」

そこで改めて、ヤマト建国が興味深く思われてくる。

『日本書紀』に従えば、ヤマト建国は今から二千数百年前の初代神武天皇の東征に求められる。どうやらこのとき、一瞬にして混乱は収まったようなのだ。ただ史学者たちは「それはあり得ない」と判断している。すなわち、二千数百年前（弥生時代のはじめごろか、あるいは縄文時代）のヤマトに神武天皇のような王が立っていて周囲を圧倒していたというのは、考古学的にはまったく証明できないからだ。まだ倭国大乱も経験していない、もっともっと古い話になるのだ。

その一方で、初代神武天皇のモデルとなったのは崇神天皇（第一〇代）ではないかと考えている学者が多い。詳細は省くが、『日本書紀』編者が天皇家の歴史を古く見せかけるために一人の事蹟を二つに分けてしまったというのである。

たしかに神武天皇も崇神天皇もハツクニシラススメラミコト（はじめてこの国を治めた人）と称賛されていて、どちらも初代王にふさわしい。神武天皇と崇神天皇の間の天皇（第二代綏靖(すいぜい)天皇から第九代開化(かいか)天皇）の事蹟がまったく記録されていないことも、この考えを後押ししている。崇神天皇を初代王と考えると、歴年代もほぼ現実のヤマト建国（三世紀後半から四世紀）に当てはまる。

問題は、考古学がヤマト建国のいきさつをかなり克明(こくめい)に再現していて、その様子が「征服王による支配」とは思えないことなのである。

『古事記』や『日本書紀』の神武東征説話は、強い王の征服戦と信じる人が多い。戦前戦中の尋常(じんじょう)小学校や国民学校の教科書の挿絵(さしえ)の印象があまりに強いのもその理由のひとつだろう。神武天皇の弓に光り輝く鳶(とび)が止まり、賊が蜘蛛の子を散らしたように逃げ惑(まど)う姿をつい思い出してしまうのである。

しかし、『日本書紀』の神武東征説話を読んでみると奇妙なことに気づかされる。

神武天皇（カムヤマトイワレビコノスメラミコト。本書では便宜上、神武天皇と呼ぶ）は純粋な征服者ではない。兄とともに現在の大阪方面からヤマト入りを計画したが、長髄彦(ながすねびこ)なる人物の手勢に追い返されている。兄は深手を負い、戦死している。神武天皇はやむなく、紀伊半島を大きく迂回(うかい)して、ようやくの思いで奈良盆地のヤマトにたどり着く。そして神武天皇は「呪術の力」で賊を駆逐(くちく)し、さらに先住の王・饒速日命(にぎはやひのみこと)が身内の長髄彦を殺し、恭順してきたことによって王位を手に入れている。

なぜ饒速日命が神武天皇を迎え入れたのか、これも大きな謎なのだ。

考古学的発見と『日本書紀』の合致点

一見して神武東征は荒唐無稽に見えるが、『日本書紀』の記事と、考古学のいう「ヤマト建国」は、いくつもの点で合致している。

すでに触れたように考古学は各地の土器がヤマトに集まってきていたといっているが、『日本書紀』に従えば神武東征以前にいくつもの神や人物がヤマトにやってきていた。

まず神話の時代に出雲の大物主神（大己貴命すなわち大国主神の和魂）が三輪山に祀られ、饒速日命が天磐船に乗って舞い下りるとすでに長髄彦がいて、饒速日命は長髄彦の妹を娶ってヤマトに君臨した。そして最後の最後に神武天皇がやってきたことになる。

このように「いくつもの地域の人びとが集まってヤマトが建国された」というおおまかな筋は『日本書紀』も考古学も同じなのだ。しかも「最後に九州から神武天皇がやってきた」という『日本書紀』の話は、九州の土器や装飾品等が最後にもたらされたとされる考古学の成果と合致している。

さらに初代神武天皇と同一と目される崇神天皇の時代、「各地に四人の将軍（四道将軍）が遣わされた」とあるが、東に遣わされた二人の将軍は太平洋側と日本海側から回り込んで、現在の福島県南部で落ち合っている。そこでここを相津（福島県会津若松市付近）と呼ぶようになったというが、四世紀の前方後円墳の北限もちょうどこのあたりなのだ。すなわちここでも『日本書紀』のヤマト建国説話と考古学の物証が重なって見えてくる。とすれば『日本書紀』編者はヤマト建国の歴史を熟知していた可能性が出てくる。知っていたからこそ、大切な場面をお伽話や神話にすり替えてしまったのではないだろうか。

ヤマト建国の真相と古代日本の実態

「ゆるやかな連合体」による寄せ集め政権

『日本書紀』が「ヤマト建国の真相」を闇に葬る動機は確かにあった。それは、藤原氏が滅亡に追い込んだ蘇我氏や政敵だった物部氏らがヤマト建国の主役だったからだ。中臣氏（藤原氏）はほとんどたいした役を担っていない。藤原氏の権力奪取の正当性を証明するためには、ヤマト建国に遡って歴史を改竄するほかに手はなかったのだ。

ヤマト建国に尾張や近江の有力者たちが大活躍していたことも『日本書紀』は無視してしまっている。『日本書紀』は壬申の乱（六七二）における尾張氏の活躍も意図的に隠匿しているので、これも確信犯的所行である。ただし、このあたりの事情は他の拙著で述べたことなので割愛する（拙著『地形で読み解く古代史の謎』P

HP文庫、『蘇我氏の正体』『物部氏の正体』新潮文庫）。

ヤマトは「寄せ集め政権」だったのだ。それは考古学が示している。一人の強い王がやってきて強圧的に新しい埋葬文化を定めたわけではないのであり、前方後円墳は戦乱を収拾するための象徴だったのだろう。だからこそ、多くの地域の首長が「ゆるやかな連合体」に加わったにちがいないのである。

しかしそうはいっても「戦乱状態からの脱却」がそんなにうまく収まるのだろうか、という疑惑が生まれるかもしれない。

そこで、ヤマト建国は「地勢上の必然」だったこと、ヤマト建国も理詰めに解き明かすことが可能であることを、私見として簡単に説明しておく。

さて、弥生時代を通じて日本でもっとも豊かだったのは北部九州だった。朝鮮半島にもっとも近く、壱岐（いき）や対馬（つしま）（ともに長崎県）に住む海の民の活躍も手伝って交易で潤（うるお）っていたのだ。また、朝鮮半島で産出する鉄をほぼ独占的に入手していた。

北部九州が恐れていたのはヤマトの勃興だった。奈良盆地は天然の要害で、ひとたびこの地に強大な勢力が誕生したら、攻めるのは容易ではない。しかも北部九州には、「東側からの攻撃に弱い」という弱点があった。日田（ひた）盆地（大分県）を奪われれば、身動きがとれなくなってしまうのだ。

そこで北部九州は出雲（日本海側）や吉備（瀬戸内海側）と手を組み、流通ルートを遮断し、ヤマトを干し上げる策に出た。こうして弥生時代後期のヤマトは鉄器の過疎地帯に落ちぶれていったのだ。

ところがここで思わぬ伏兵が現れた。日本海側のタニハ（丹波+但馬）が「別ルート」で直接、朝鮮半島から鉄や文物を入手し、近江や尾張に流していたようなのだ（筆者はこのグループを「タニハ連合」と呼んでいる）。これは北部九州にとって大誤算だったろう。

力をつけた近江と尾張は、前方後方墳（前方後円墳ではなく前も後ろも四角）を造り上げ、誰よりも早くヤマトに乗り込んだようなのだ。なぜこのようなことが言えるかというと、ヤマト建国の地が奈良盆地東南部の纏向だったからだ。

ヤマト建国の主導権は「東」にあった

ここはヤマトから東国に通じる重要な交通の要衝にあたっていて、ヤマト建国の主導権を握っていたのが「東」だったことを暗示している。纏向に流れ込んだ尾張の土器が外来系土器全体の半数近くにのぼり、近江のものと足せば過半数になるのだから、纏向の最初の主が東からやってきた可能性は高くなる一方なのだ。

これまで史学者たちは「東」を見くびっていたのだ。「古代史は西を中心に回っていた」と信じて疑わなかった（現在でもそうなのだが）。尾張から大量の土器が纏向に流れ込んでいる事実を見ても「労働力として駆り出されたのだろう」と高をくくっていた。

しかしヤマト建国の直前、近江には弥生時代を代表する巨大な環濠（かんごう）集落が出現していたことが伊勢遺跡（滋賀県守山（もりやま）市）から分かっているし、前方後方墳は前方後円墳よりも早く各地に伝播し、独自のネットワークを構築していた。このようなタニハ連合の動きを『日本書紀』はまったく無視してしまったのだ。無視ではなく、抹殺と言ったほうが正しい。

問題は、「東」がヤマトに先に乗り込んだから「西」があわてたことなのだ。すなわち、鉄をヤマトに回さなければ北部九州は安泰だったし、この戦略に出雲や吉備もあぐらをかいていた。ところがタニハ連合が東側からヤマトに拠点を作るという策に出て、オセロの白と黒が入れ替わるように、北部九州は一転窮地に追い込まれてしまったのだ。

すでに述べたようにヤマトに強大な勢力が誕生すれば、西側の勢力は軍事的になかなか対抗できなくなる。しかもヤマトとタニハ連合の背後には、計算のできない「広大な東国」の影さえ見える。縄文時代から奈良盆地と東国は強く結ばれていたから不気味だったろう。纒向から東国に向かう道も、縄文時代にすでに誕生していたと考えられている。弥生時代の到来のあと、東漸する稲作文化に対し、奈良盆地は縄文人最後の抵抗の地になったのだ。どう考えても東側の勢力とヤマトは相性がいい。くどいようだが、だからこそヤマト黎明の地・纒向は東にもっとも近い場所だったのだろう。西側から見れば、これは恐ろしい事態だった。

同盟に真っ先に動いたのは吉備であり、これに出雲が続き、さらに最後の最後に、北部九州が折れた。これがヤマト建国の真相である。

なぜ強い王が求められなかったのか

なぜ三世紀、「この指止まれ」というふうにヤマトに人びとが集まってきたのか、そしてなぜヤマト建国によって弥生時代の戦乱は収まったのか、その謎を解く鍵は、日本列島の地勢にあった。ヤマトは北部九州にとって防衛上のアキレス腱であり、東側にとってヤマトほど頼もしい土地はなかったからなのだ。そして、タニハ連合と東側の勢力がヤマトを立ち上げたことが決定的だった。

しかもこの事実は『日本書紀』によってほぼ抹殺されていたのだ。しかし、伊勢遺跡や前方後方墳、そして奈良盆地東南部の纏向という物証が、新たな歴史観を生み出したのである。

ただここで、どうしても分からないことがある。それは「ヤマト建国の段階で強い王が生まれてもおかしくはなかったし、その可能性は残されているのではないか」という疑問だ。答えはあるのだろうか。

ヒントはいろいろある。まず第一に、この時代の王に求められたのは宗教的なカリスマ性だった可能性だ。

「魏志倭人伝」に倭国の女王の統治形態が記される。その中で卑弥呼は祭司王としてふるまっている。内容は以下のとおり。

女王の名は卑弥呼で、鬼道に仕え、民をよく惑わした。高齢だが夫はなく、男弟がいる。姉を助け、国を治めた。卑弥呼が王に立ってから朝見する人は少なく、婢千人を侍らせた。ただし、ひとりの男子が飲食を供し、言葉を伝える役割を担って居館に出入りした。宮室、楼観、城柵を厳かに設け、つねに人がいて兵士が守っていた。

ヤマト建国と邪馬台国はほぼ同時代なのだからこの記事は重要で、当時の日本の統治形態が具体的に記録されていたことになる。史学界では、この「兄と妹」「姉と弟」「叔母と甥」といった「巫女と男王」による統治システムを「ヒメヒコ制」と呼んでいる。

ちなみに纏向遺跡こそ邪馬台国にほかならないとする説が優勢になってきたが、筆者はまったく違った考えを持っている。話せば長くなるので結論だけ述べると、江戸時代に唱えられた本居宣長の「邪馬台国偽僭説」がかなり正解に近いのではないかと考えている。

邪馬台国偽僭説とは、ヤマトは奈良盆地にあったのに北部九州の卑弥呼が「われわれが倭国の盟主・ヤマト（邪馬台国）である」と魏に報告してしまった、という推理だ。これを筆者流に解釈すれば、北部九州の諸勢力が団結しヤマトの勃興に対抗すべく、卑弥呼を前面に押し立て、魏に朝貢し「親魏倭王」の称号を獲得することで、虎の威を借りて優位に立とうと考えた、ということである。

しかし結局は北部九州の目論見は潰え去るのだが、このあたりの詳しい話は割愛する（拙著『海洋の日本古代史』PHP新書に詳述）。

巫女と男王の「ヒメヒコ制」

ここで興味を引かれるのは、『日本書紀』の神武天皇の東征説話の中にも、ヤマト建国前後の首長層の「統治形態」を知るための貴重な証言が残されていることだ。

神武天皇が奈良盆地のヤマトに入るとき、不思議なことがいくつも起きている。まず、奈良県北西部に位置する生駒山越えを長髄彦に阻まれた。神武天皇は戦争では勝てなかったのだ。そこで紀伊半島を迂回した神武天皇はさんざんな思いをし、神の手助けによって生きながらえる。ようやくの思いで奈良盆地に近づくと、多くの首長たちが陣を構えて抵抗したのだ。とても勝てそうになかったが、二つの奇跡が神武天皇を救う。

神武天皇の夢枕に神が現れ、「天香具山（大和三山のひとつ）の土を採ってきて土器を造り、神に贄を捧げれば、敵を打ち負かすことができる」という。そのとおり実行すると、神武天皇は「負けぬ体」になったことを確信するのである（第二章に詳述）。

次に首長たちは「兄猾、弟猾」「兄磯城、弟磯城」と呼ばれるふたりで一組になっていて、「兄は神武天皇に逆らい、弟は恭順する」というパターンが続いた。ここにある兄は「実権を握った為政者＝男性」であり、かたや弟は「祭祀権を握った巫女＝女性」なのだった。

問題は、祭祀を担っていた者が恭順すると、勝てないと思っていた強敵も打ち倒すことができたという説話の意味である。ここに「戦争（政争）に打ち勝つためには神の力を必要とする」という古代人の信仰を知ることができる。

そして卑弥呼がそうだったように「巫女が祭祀に専念し、男王が政務に励む」という形態こそ、古い日本の統治システムだったことが分かる。「神と王」「神と政治」「神と戦争」は、われわれが想像する以上に強く結ばれていたのである。

同じく『日本書紀』の中の神功皇后をめぐる記事にも「巫女」の話が出てくる。神功皇后は第一四代仲哀天皇の后で、第一五代応神天皇の母親だ。

仲哀九年三月、神功皇后は山門県（福岡県みやま市）に移動し、土蜘蛛（土豪）の女首長・田油津媛を誅殺した。このとき田油津媛の兄・夏羽が兵を挙げて神功皇后の軍勢を迎え撃とうとしたが、すでに田油津媛が討ち取られたので逃げていったという。

ここに登場する田油津媛こそ、邪馬台国の女王・卑弥呼ではないかと筆者は思っているのだが、ここで注視すべきは、女性が王に立ち、その兄が政務を司っていたと読み取れることだ。

また、ヤマトタケル（倭建命、日本武尊）の父・景行天皇（第一二代）は九州を一周しているが、『風土記』は多くの女王（女首長）が存在したことを伝えている。やはり、女性（巫女）は尊重されていたことが分かる。

天皇の謎を解く鍵を握っていたのは女性？

驚くべきことに、聖徳太子の時代に入っても「ヒメヒコ制」は存続していたようなのだ。

『隋書』倭国伝に次のような記事が残される。

隋の開皇二十年（六〇〇）、倭王は使いを隋に遣わし、隋の王宮にやってきた。文帝は役人に命じて倭国の風俗を尋ねさせた。すると次のように答えた。

「倭王は天を以て兄と為し、日を以て弟と為す。天未だ明けざる時、出でて政を聴き、跏趺して坐す。日出ずれば便ち理務を停め、我が弟に委ねんという」
（倭王は天を兄となし、日を弟としている。兄は夜明け前に政務を行ない、その間あぐらをかいて座っている。夜が明ければ、弟に委ねようという）
これを聞いた文帝は、
「此れ太だ義理無し」（なんと馬鹿げたことを）
と言い、諭して改めさせた。

ここにある「兄と弟」は、実際には「巫女と王」を指しているのではないかとする考えがある。六世紀末の日本に「ヒメヒコ制」が残っていた可能性は高いのだ。次章で詳しく触れるが、神につながることができるのは「巫女」、すなわち女性という概念があった。

けれどもそうなると、ひとつの疑念が浮かび上がってくる。

本当にヤマトの王は弱かったのか。もし仮に巫女のもとで政務を司るのがヤマトの王の役目だとすれば、決して弱い王ではなかったはずではないか。

田油津媛の兄が兵を挙げたように、巫女とペアで活躍していた古代の男王には実権がともなっていてもおかしくはなかった。

そもそも倭王（邪馬台国の卑弥呼）は女王だったのに、なぜヤマト建国後は男王が立ったのだろう。

卑弥呼が亡くなったとき男王が立ったが周囲が納得せず、卑弥呼の宗女・台与（壱与）が立てられたという。混乱を収拾するために何かしらの理由で女王が必要だったのならば、なぜヤマトでは男王が立てられたのか。ここに大きな歴史のヒントが隠されているのではあるまいか。

ならば、この謎をどのように解けばよいのだろう。

鍵を握るのは「女性」だと思う。古代の女性の地位の高さを理解できれば、古代のヤマトの王の本質を知ることができるはずなのだ。

次章では巫女と王（天皇）の関係について考えてみたい。

第二章　「神と巫女」と天皇

最高・最大の天皇祭祀「大嘗祭」

謎だらけの「大嘗祭」

「古代史と神道」、「天皇と鬼」の真相を知る上で、これまでなおざりにされてきたのが「女性の活躍」「古代女性の実力」「巫女の権力」ではなかったか。男系の系図だけを見ていても、古代史の謎を解くことはできない。

そこで、古代史に果たした女性の力を見つめ直したいが、まずここで遠回りをして、大嘗祭の話から始めよう。天皇が執り行う最高の祭りだ。

律令の施行細則を記した『延喜式』には「践祚大嘗祭」の項目があって、おおまかな式の様子はつかめるが、肝心なところが不明なのだ。一番大切に祀られる神が分かっていない。普通に考えれば、天皇の祖神で太陽神の天照大神ということになりそうだが、これが断定できない。

また、大嘗宮に置かれ、儀礼の中心をなす「真床追衾」がいったい何を意味するのか、諸説あって定かではない。舞台装置の正体さえも、つかめてはいないのだ。

そして大嘗祭の儀式の前半部分で「造酒童女」なる童女が登場する。この童女がすべての行事をはじめていく。なぜ童女が必要だったのか。なぜ童女がいなければ儀式が進行しなかったのか、その意味も明らかにされていない。

大嘗祭は純粋な神祇祭祀（神道）であったかというと、これも疑問だ（そもそも「神祇祭祀とは何か」という問いにつながっていって話は複雑になってしまうが）。吉野裕子が指摘したように、大嘗祭のいたる場面で、中国の陰陽五行思想の影響が見出せる。「影響」というレベルではなく、儀礼の大半は陰陽五行思想で説明がつく、と吉野裕子はいう（『陰陽五行思想からみた日本の祭』人文書院、『大嘗祭』弘文堂）。

もちろん、日本の神祇祭祀の伝統の上に中国の陰陽五行思想という新たな信仰が加わったわけだが、大嘗祭を純粋な日本の行事と信じるわけにはいかない。

そもそも大嘗祭とはなんだったのか、いつごろからはじまったのだろう。太古から続いてきた神事と思われがちだが、想像するほど古い儀式ではない。

大嘗祭（践祚大嘗祭）は即位儀式のひとつで、天皇が最初に行なう新嘗祭である。新嘗祭とは「豊穣を祈り、天皇の御魂を更新（鎮魂）し、疫病や災禍を斥け、神に奉祀する祀り事」と考えられている。

現在は、十一月二十三日に新穀の収穫を感謝し、その新穀を天神地祇（天つ神と国つ神）にお供えし、天皇もこれを食す儀式をいう。国民の祝日「勤労感謝の日」が定められたのは、新嘗祭を意識してのことだ。古くは陰暦十一月下卯（または中卯）と翌日（辰の日）に行なわれた。これは、一年でもっとも昼が短い冬至の前後であり、「再生」「復活」の呪術であったといえよう。

『日本書紀』における「新嘗」の初出は神話の中だ。天照大神が新嘗をしようとしているところにスサノヲがやってきて、密かに宮に「放屎る」とある。

ここでなぜ、スサノヲが悪役となって登場したのだろう。

そもそも神は、恐ろしい祟る鬼だった。神話の中で大暴れするスサノヲこそ、神の中の神として、恐れられていたのだ。スサノヲを祀れば、疫病も鎮まるほどの力をもっていた。だから、スサノヲは神聖な、もっとも崇めるべき神であった。しかし、『日本書紀』編者は天上界を追放されたスサノヲに、蓑笠を着せて見せた。それは、表裏一体だった「神と鬼」が、神話の中で分離され、神聖な神と邪悪な鬼に引き離された瞬間でもある。つまり、スサノヲは邪悪な鬼として、天照大神の神聖な神事を邪魔する鬼に貶められていたのである。

そう考えると、『日本書紀』編纂の前とあとでは、「神道」の考え方も大きく変化したのだろうし、新嘗祭も、藤原氏にとって都合の良いように改変（あるいは創作）されていった可能性を疑っておくべきだ。

その後たびたび記事に「新嘗」が現れ、さらに「大嘗」の初見は、天武二年（六七三）十二月五日条で、次のようにある。

大嘗に仕えた中臣、忌部と神官（神祇官の前身）たち、また播磨・丹波二国の郡司とそれ以下の者たちに禄が下賜された。郡司たちにそれぞれ爵位一級を授けられた。

この記事の不思議は、十一月に執り行なわれたであろう大嘗祭そのものは明記せず、翌月に行なわれた禄賜だけが記録されていることだ。大嘗祭の原型はでき上がっていたかもしれないが、しっかりとした様式はまだ整っていなかったのではあるまいか。

実際には、皇極天皇（第三五代、在位六四二〜六四五）の時代に原型が作られ、律令制度の整備とともに儀式が定められていったようだ。伊勢神宮と同じで、儀礼が整備されたのは持統天皇（第四一代、在位六九〇～六九七）の時代であろう。

持統天皇の即位は「静かな政変」だった

大嘗祭が天武天皇（第四〇代、在位六七三～六八六）ではなく、皇后の持統天皇（鸕野讃良皇女）の治政下で完成したところに、大きな意味が隠されているように思えてならない。

天武天皇の崩御を受けて即位したのが、皇后の持統天皇で、『日本書紀』持統五年（六九一）十一月一日条に「大嘗す」とある。神祇伯・中臣朝臣大島が「天神寿詞を読む」とあり、こちらははっきりと大嘗祭を行なったことを記録する。

また持統天皇の場合、即位式の場面も具体的に記述している。持統四年（六九〇）春正月一日条に以下のようにある。

物部麻呂朝臣が大楯を立てた。神祇伯・中臣大島朝臣が天神寿詞を読んだ。終わると、忌部宿禰色夫知が神璽の剣と鏡を（持統天皇に）奉った。こうして皇后は即位された。公卿、百寮（百官）は列を作り礼拝し、拍手を打った。

　これに対し、天武天皇の即位の場面では、

　天皇、有司に命せて壇場を設け、飛鳥浄御原宮に即帝位す。

と、簡潔に述べられている。

　このように持統天皇と天武天皇では、即位儀礼、大嘗祭、どちらも記事の扱いに差がある。これは、大嘗祭がいつ完成したのかという問題だけではなく、天武天皇と持統天皇の立場の違いを浮き彫りにしている。

『日本書紀』は天武天皇と持統天皇を「おしどり夫婦」と強調し、持統天皇は夫の天武天皇の遺志を継承したという。

　当然、通説は『日本書紀』を信頼しているから、七世紀後半に社会制度が劇的に整備されていく様子を見て「天武・持統朝」とひとくくりにするが、実際には天武天皇と持統天皇の夫婦の間に大きな亀裂があって、持統天皇の即位こそ「静かな政変」にほかならなかったと筆者は見る。

天武天皇、持統天皇、双方の支持母体は、まったく相反する政敵同士だったのだ。だから、天武天皇の時代に整えられつつあった統治システムと、持統天皇の目指した律令制度は似て非なるものであった。この静かな政変を成就するために、持統天皇は「宗教の力」を大いに利用している。大嘗祭も、持統天皇とブレーン（具体的には藤原不比等）が新たに創作した可能性を疑っておいたほうがよい。

このあたりの事情は天皇を考えるうえで大切なことなので留意しておいてほしい。持統天皇の時代に静かな政変が勃発していて、統治システムのみならず、歴史や宗教観もすべて入れ替わった。このとき完成したのが伊勢神宮や大嘗祭なのだが、そこにはもちろん、持統天皇や藤原不比等らの仕掛けた巧妙なカラクリが隠されていた。

ところが持統天皇の曽孫の聖武天皇が、何を思ったのか、持統天皇と藤原不比等の組み立てたカラクリを破壊しようともがいたのだ。のちに触れるが、このあたりの時代の流れはドラマティックで、正史『続日本紀』は表面だけを追っているから裏側に隠された真相、行間からにじみ出てくる恩讐の匂いに、史学者たちはまだ気づいていないのである。

大嘗祭に仏教を取り入れた称徳天皇

ここで改めてはっきりとさせておきたいのは、大嘗祭が決して太古の信仰だけで成り立っているのではなく、七世紀後半から八世紀にかけて組み立てられ、変化していたことなのだ。その証拠に、大嘗祭には「仏教」がかかわっていた時代もあった。

『続日本紀』天平神護元年（七六五）十一月二十三日条には、孝謙天皇（第四六代、在位七四九〜七五八）が称徳天皇（第四八代、在位七六四〜七七〇）として重祚した際の大嘗祭にまつわる記事が載る。重祚とは、一度即位した天皇がいったん譲位し、のちにふたたび即位することをいう。

「今日は大嘗祭を行なう日だが、常と異なる」

と述べ、仏弟子になった称徳天皇がなぜ復位するのか、その理由をまず語っている。

「第一に三宝（仏法僧）に仕え、第二に天神地祇を敬い、第三に、仕えてくれる親王・臣下・百官・臣民を慈しむために復位した」

と言い、

「神を三宝から隔離するべきだと主張する者がいるが、経典に従えば、仏は御法を護るというのだから問題はあるまい。出家人（僧）も白衣（在俗者）がともに神事に加わってもかまわないだろう。もともとは禁忌されてきたが、今回は慣例を破って大嘗祭を執り行なう」

と、述べている。

称徳天皇は僧・道鏡を寵愛していたから、このような発言があったと考えられている。この称徳天皇の発言が、神仏習合の端緒になった有名な一節なのだ。

これまで「神道」といえば、日本的な信仰形態と信じられてきた。しかし、天皇みずからが「外来の信仰」を積極的に取り入れ、天皇即位にまつわる大嘗祭という神事も、陰陽五行思想やら仏教やらの影響を受けていたことが、これで分かる。

称徳天皇は、天平神護二年（七六六）七月には伊勢神宮の大神宮寺に丈六（約四・八メートル）の仏像を造らせている。翌年、年号は神護景雲に改められるのだが、その理由は、その年の六月と七月に五色と七色の瑞雲が出現し、これこそ施政が正しかったので、三宝（仏法僧）や諸天、天地の神々が大瑞をあらわしたのだろうというのである。とくに、伊勢神宮外宮の上空に瑞雲が出現したと伊勢国守が奏上していることが肝心で、むしろ伊勢神宮のほうが神仏習合を促し、朝廷にすり寄っていたことが分かる。

称徳天皇がなぜ大嘗祭に仏教を取り入れたのかといえば、僧・道鏡を寵愛し、太政大臣禅師に引き上げて祭儀に近侍させんがためであろう。

大嘗祭では、悠紀殿の儀に先立ち、皇太子（この時は、称徳天皇）や諸親王、大臣以下五位以上の者たちが大嘗宮の南側に座し、隼人（宮門の警衛にあたる官人）が吠声を発し、拍手し、歌舞を演じる。五位以上の者は跪いて八度拍手（八開手）をする。

これら一連の儀式は元日の朝賀の式と同じで、日本独自のものだった。だから、この場面に仏教の僧が混じることは忌避されていたであろうし、道鏡の参加は驚天動地の出来事だったろう。

一般に称徳天皇の行動は「独身女帝のご乱心」とゴシップ記事風に解釈されてきた。しかし、のちに詳しく触れるように、単純な「男狂い」ではなく（たしかに道鏡を寵愛していたことは事実としても）、背後に「政治的な思惑」が隠されていたと見るべきである。そしてもちろん、持統天皇が整備した大嘗祭に対する反発の意味合いが隠されていたと思うのである（なぜそうなのかについても、のちに触れる）。

律令制度と神道は深く結びつき、神道は統治システム、徴税システムの重要な根幹を担っていた。それなのに、称徳天皇の父親・聖武天皇がなぜか仏教に没頭したこと自体、不可解なことだった。

百済最後の王子・豊璋と中臣鎌足

持統天皇と藤原不比等の時代に伊勢神宮や大嘗祭は整備された。このとき、神道の中心に立ったのが中臣氏である。

中臣氏といえば、古代史の英雄・中臣鎌足を思い浮かべるだろう。中臣鎌足は亡くなるとき、天智天皇（第三八代、在位六六八〜六七一）から「藤原」の姓を下賜された。だから中臣氏は藤原氏になったのだが、藤原不比等の時代、不比等の末裔だけが「藤原」を名乗り、それ以外の神祇を司る者たちは「中臣」の旧姓に戻ったのだ。

その理由は、中臣鎌足が中臣氏に婿入りしていたためではないかと筆者は推理する。中臣鎌足の正体は、百済から人質として来日していた王子・豊璋（余豊）であり、百済滅亡によって日本に留まり、「中臣」を名乗るようになったと筆者は見ている。だからこそ、中臣鎌足の子・藤原不比等の末裔（要するに百済系渡来人）だけが「藤原」を名乗るようになったと考える（拙著『藤原氏の正体』新潮文庫）。

中臣鎌足が豊璋だった傍証はいくつもあるのだが、ここではひとつだけ掲げておく。中臣鎌足は忽然と歴史に登場し、無位無冠であるにもかかわらず、有力な皇位継承候補だった中大兄皇子（天智天皇）に近づき、蘇我入鹿暗殺を持ちかけた。中臣鎌足は蘇我入鹿暗殺（乙巳の変、六四五）の最大の功労者で、中大兄皇子のブレーンだが、白村江の戦（六六三）の前後に、なぜか姿をくらましている。問題は、中大兄皇子の生涯最大級のピンチに、なぜ中臣鎌足が寄り添っていなかったのかということだ。中臣鎌足はこのとき、豊璋として本国に戻っていたのだろうと筆者は見る。

一度滅びた百済が復興を画策し、日本から豊璋を呼び戻し、王に立て、日本に援軍を要請したのだ。中大兄皇子は百済遠征軍を派遣するも、唐と新羅の連合軍の前に木っ端微塵に叩きのめされた。豊璋は高句麗に逃げたとも、唐に捕らえられたとも、行方不明になったとも言い伝えられている。けれども豊璋は開戦の直前、籠城していた城から自国民を捨て、日本の水軍の中に紛れ込んでいる。自国の滅亡を予感し、日本に逃げる算段をつけたのだろう。日本で長い間過ごし、百済を一度捨てた豊璋が、高句麗に逃れ、再起を図ったとはとても思えない。

敗戦後、中臣鎌足は何食わぬ顔で中大兄皇子のもとで活躍している。

このの ち、中臣鎌足の末裔の藤原氏の盛衰と、百済系渡来人の命運は面白いように重なっていく。それはなぜかといえば、中臣鎌足が豊璋だったからだろう。

藤原氏（中臣氏）の正体が分かっていないと、大嘗祭に秘められている天皇と神道の真相はつかめてこない。そこでしばらく藤原氏の歴史を俯瞰しておきたい。

中臣氏が祭祀を支配した伊勢神宮

藤原氏は藤原不比等の代に大きく発展し、藤原不比等の死後、四人の男子（武智麻呂、房前、宇合、麻呂）は、邪魔者を消し去り、藤原氏の独裁体制がほぼ完成したのだ。玉座についていたのは、聖武天皇（第四二代文武天皇と藤原不比等の娘の宮子との間の子）である。

聖武天皇の正妃は光明子で、彼女も藤原不比等の娘だった。聖武天皇は、母も正妃も藤原系、朝堂を牛耳るのも藤原不比等の四人の子だから、藤原不比等亡きあとに藤原氏の完璧な体制が確立されたのだった。

ところが運命とは皮肉なもので、我が世の春を謳歌していた藤原四兄弟が、天平九年（七三七）、天然痘の病魔に取り憑かれ、あっという間に全滅してしまったのだ。ここに権力の空白が生まれ、橘諸兄（葛城王）ら「反藤原派」が台頭、聖武天皇も反藤原派に豹変し（理由はのちほど）、娘の孝謙天皇（七六四、重祚して称徳天皇）も、どこの馬の骨とも知れぬ道鏡を皇位につけようと画策し、藤原氏は窮地に立たされたのだった。

称徳天皇の興味深い点は、藤原氏と戦い続けただけではなく、それまでの身分秩序までも破壊してしまおうとしていたことだ。

身分の低い者に常識ではあり得ない高い官位を与えたりもした。聖武天皇と称徳天皇は「藤原氏が作り上げた体制」そのものを忌み嫌っていたかのようだ。

しかし称徳天皇崩御ののち、藤原氏はふたたび実権を握っていく。そしてここで、中臣氏が「おいしい思い」をしていくことになるのだ。

それまでの伊勢神宮の宮司が斥けられ、宝亀元年（七七〇）、大中臣清麻呂の甥・中臣比登が宮司に任命され、これ以降、中臣氏が伊勢神宮を支配していくことになる。今日に至っても、神道界に「中臣にあらずんば」という空気は残っている。また、中央の神祇祭祀を司る神祇伯も、中臣氏が世襲していくのである。

道鏡政治への反動で、大中臣清麻呂と子の子老、清麻呂の甥の比登らの手によって、伊勢神宮から仏教色が排除されていくのも、このときだった。伊勢神宮の周辺で月読命（イザナギとイザナミの子）の祟りを受けたという理由で、宝亀年間（七七〇～七八〇）に大神宮寺は神域から追い出されてしまったのである。

こうして伊勢神宮は、中臣氏が支配するようになるのだ。

平安時代に斎部広成は『古語拾遺』の中で、神道祭祀を中臣氏が独占していると糾弾している。

天平の年中に至りて神帳を勘へ造る。中臣権を専にして意の任に取りみ捨てみす。

（天平年間に国ごとの神社の詳細を記録したが、そのとき中臣氏が権力をほしいままにし、恣意的な操作をした、という）

すなわち、中臣氏にかかわりのある者は優遇され、縁のないものは邪険にされた。諸社から上がる田租はすべて、中臣一門のものになってしまったというのである。

天皇家と藤原氏の関係略図

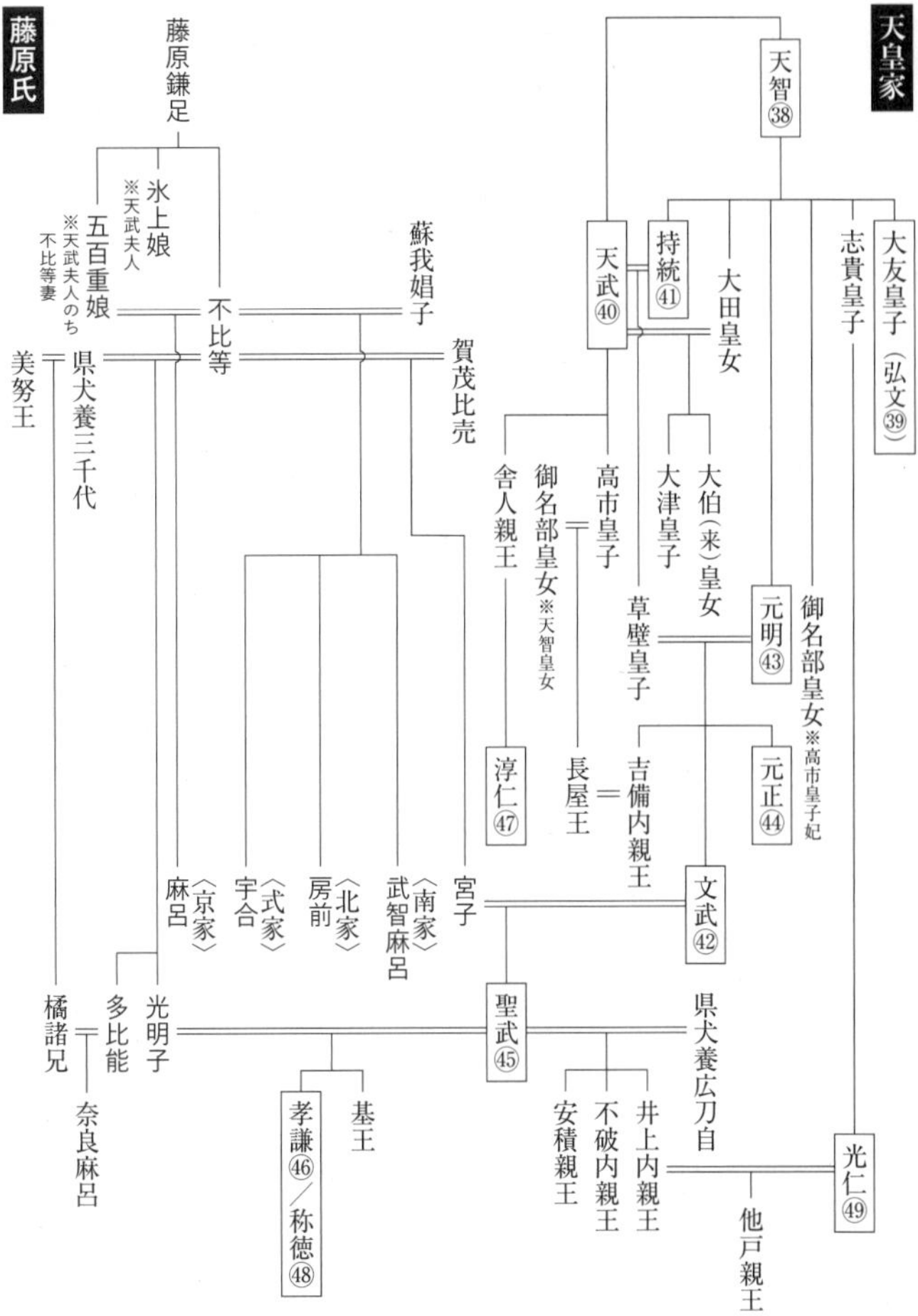

※丸内数字は皇（王）位継承順。長幼の順不同。

また神話の時代から、中臣、斎部、猿女の三氏は、同等の立場で天照大神を祀ってきた。しかし天平の時代になって、伊勢神宮の宮司は中臣氏に独占されてしまったという。

持統天皇と不比等が仕掛けたトリック

『古事記』や『日本書紀』の中で中臣氏の祖神・天児屋根命が天の岩戸の前で祝詞を上げて活躍するが、物部系の『先代旧事本紀』によれば、中臣氏の祖は物部氏の祖の饒速日命に随行してきたひとりにほかならず、それほど高い身分とも思えない。なぜなら、中臣氏の本貫地（発祥の地。根城）は枚岡神社（東大阪市）の一帯で、物部氏の本貫地に寄り添うようにしているから、「中臣氏は物部氏の配下にあった」という『先代旧事本紀』の記事は信用できる。

現代の常識で考えれば「神道といえば中臣氏」だが、実際には中臣氏の仕えていた物部氏こそ、神道の中心に立っていた。天皇家の祭祀形態を整えたのは物部氏で、天皇家は物部氏の執り行なっていた祭祀をそのまま受け継いだのではないかと推察されている。

『先代旧事本紀』には、饒速日命の子の宇摩志麻治命のとき、ヤマトの儀礼その他が整えられたと記される。

　筆者は、饒速日命は吉備出身と考えている。「前方後円墳」の原型は吉備にでき上がっていて、特殊器台形土器と特殊壺形土器を使った祭祀が吉備からヤマトに移入されている。すなわち、吉備の饒速日命がヤマトに発生した新しい祭祀の原型を持ち込んだと考えられる。だから、天皇家の祭祀が物部氏の祭祀によく似ているのは、むしろ当然のことなのだ。

　ところが物部氏は、八世紀の初頭に没落している。平城京遷都（七一〇）に際し、左大臣（現代風にいうと総理大臣）・石上（物部）麻呂は格下の右大臣・藤原不比等の陰謀にはまって藤原京の留守居役にされ、旧都とともに捨てられたのだ。これ以降、物部氏は衰亡していった。一方、平城京では、左大臣が不在の間に、ナンバー2の藤原不比等がトップに躍り出た。

　藤原不比等は、本来別の家系だった「旧中臣氏」を政治の一線から斥け、神祇祭祀に専念してもらうために「政治の藤原氏」「祭祀の中臣氏」と色分けしたのだ。とはいっても中臣氏は「八世紀にリニューアルされた神道」を牽引し、統率する立場を確保した。とくに称徳天皇崩御ののち確固たる地位を得た。こうして、藤原氏と中臣氏がこの国を支配する体制が整ったのである。

何が言いたいかといえば、大嘗祭に関して多くの研究者が「どのような意味を持っていたのか」を探っているが、いまだに本質に迫ったことはなく、それはなぜかといえば、「なぜ大嘗祭が必要だったのか」「誰がこの大掛かりな舞台装置を必要としたのか」に関して的(まと)をはずしているからなのである。

要するに用心しなければならないのは、持統天皇と藤原不比等の仕掛けたトリックに引っかからないことであり、「藤原不比等ののちの藤原氏が権力を握り、古き良き時代のヤマトの統治システムと信仰のすべてを棄(す)ててしまったこと」に気づいていただきたいのだ。

ならば、大嘗祭を解き明かすためのヒントはあるのだろうか。

大嘗祭の原型になった「神武東征説話(じんむとうせいせつわ)」

少し遠回りをしておこう。大嘗祭の原型になったのではないかという説話がある。

『日本書紀』にある「神武東征説話」の一節だ。第一章で少し触れたが、初代神武天皇が複雑な呪術を執り行ない、ヤマトの賊をいかに倒したかを説明する場面である。

ヤマトの強敵たちを前に「とても敵わない」と神武天皇は観念する。賊の構える場所はどこも要害の地で、道は塞がれ、このままではヤマトに入ることはできない。そこでこの夜祈ると（祈誓を立てると）、はたして夢に天神が現れ、次のように告げた。

「天香具山の社の埴土（粘りけのある土）を採って天平瓫（平らな神聖な土器）八十枚を造り、また厳瓫（御神酒を入れる神聖な瓶）を造り、天神地祇を敬い、祀れ。さらに厳呪詛を行なえ（呪いをかけろ）。そうすれば敵はおのずと平伏するであろう」

神武天皇はこの教えを実行しようと考えた。ちょうどそのとき、弟猾（巫女）が奏上した。

「磯城邑に磯城八十梟帥が、高尾張邑は赤銅八十梟帥がおります。どちらも皇軍に抵抗し闘おうと考えております。私はこれを憂えております。すぐにでも天香具山の土を採って天平瓫を造り、天社と国社の神を祀ってください。そのうえで攻めかかれば除きやすくなるでしょう」

神武天皇は、この弟猾の話を聞いて心中喜ばれた。そして椎根津彦（珍彦）に卑しい服と蓑笠を着せて老夫の格好にし、弟猾に箕を着せて老嫗の格好をさせ、勅して次のように命じた。

「ふたりで天香具山に至り、密かにその頂きの土を採ってきなさい。ヤマト建国の大業の成否はふたりが土を採ってこられるかどうかで占ってみよう」

こうしてふたりは天香具山に向かった。だが賊が道に満ちあふれ、とても通れそうになかった。そこで椎根津彦は祈り、占った。

「我が皇（神武天皇）がこの国を治めるべき人ならば、行く道を通わせたまえ。もしそうでないのなら、われらは賊に討たれるだろう」

椎根津彦

※『前賢故実』（菊池容斎著）より（国立国会図書館デジタルコレクション）

するとふたりの姿を見た賊は「みっともないやつらだ」と大いに笑い、罵声を浴びせた。その隙をついてふたりは山に至り、土を採って帰った。

神武天皇は大いに喜び、その土で八十平瓮、天手抉（中央の凹んだ祭祀用の土器）八十枚と厳瓮を造り、丹生の川上（奈良県吉野郡東吉野村）に登り、天神地祇を祀った。すなわち、菟田川（宇陀川）の朝原（奈良県宇陀市）に水の泡が浮いては消えるように天手抉八十枚に呪いをかけて、浮き沈みを占った。

「私はいま、八十平瓮をもって水もないのに飴を作ろうと思う。飴ができれば、私は必ず、鋒刃（武器）の威力を用いずに、いながらにして天下を平らげることができよう」

と、神武天皇は祈った。そして飴を作ると、おのずからでき上がった。

また、次のように祈った。

「私はいま、厳瓮を丹生の川に沈める。もし、大小の魚がみな酔って流れるさまが、まさに柀の葉が浮いて流れるようであれば、私は必ずよくこの国を治めることができるだろう。もしそうならなければ、ついに成就することは叶わないだろう」

すると厳瓮は川に沈み、下を向いた。しばらくして魚はみな浮き上がり、口をぱくぱくとさせた。

椎根津彦がこの様子を奏上すると、神武天皇はとても喜ばれ、丹生の川上の五百箇真坂樹を抜き取り、諸神を祀った。ここから祭祀に厳瓮を用いる習慣が始まった。

時に神武天皇は道臣命（大伴氏の祖）に勅して次のように述べられた。

「いま私は、高皇産霊尊（天孫降臨を差配した神。娘を天照大神の子に嫁がせ、天津彦彦火瓊瓊杵尊が生まれた）の神霊を依り招き、祭りを執り行ないたい（憑人となって「顕斎を作さむ」）。あなたを斎主（潔斎して神を祀る人）とし、厳媛の名を授けよう。そうしておいて、その埴瓮を名づけて厳瓮といい、火を名づけて厳香来雷（火の神）といい、水を名づけて厳罔象女（水の女神）といい、食べ物を名づけて厳稲魂女（食糧の神）といい、薪を名づけて厳山雷（山の精霊）といい、草を名づけて厳野椎（野の精霊）といおう」

こうして祭祀を済ませた神武天皇は、こののち厳瓮の神饌（贄）を召し上がり、戦いに挑んでいったのである。

神武東征といえば、勇ましい姿の神武天皇と、威に圧倒されて逃げ惑う賊のイメージばかりが強調されてきたが、実際のクライマックスはここなのである。

すなわち神武天皇は「勝てるわけがない」と観念したが、呪術によって立場を逆転させたのだ。しかも、呪術を執り行なえば、武器の威力を得なくてもだいじょうぶという。

ここに大嘗祭の儀礼とよく似たストーリーが展開していくのである。

天香具山と丹生川の祭祀に大嘗祭の原初をみる

まず、この話の直前、神武天皇が紀伊半島を迂回(うかい)したとき、土地の神の毒気にあたって、みな身動きができなくなってしまう、という事件があった。天照大神の命令で、熊野(くまの)の高倉下(たかくらじ)に神剣(しんけん)(韴霊(ふつのみたま))を下させている。神剣の霊威(れいい)が神武天皇に依り憑き、一行は目を覚ました。これは「鎮魂」を意味している。

このあと神武天皇はヤマト入りし、天香具山の土で呪術を執り行なう。

天香具山の土は特別な意味を持っていた。『日本書紀』には、のちの時代に謀反(むほん)が起きたとき、「天香具山の土を奪った者が天下を取る。天香具山はヤマトの物実(ものざね)(象徴)だ」という記事がある。

また、天香具山に土を採りに行った人びとが蓑笠を着ていたのは「神」を表す神聖な格好とする説もあるが、それでは「みっともない」と罵倒(ばとう)されている意味が分からない。これは、「神」ではなく「祟る神＝鬼」と見なすべきだろう。神武天皇は鬼の呪術を用いて「鬼（賊）退治」をしたわけである。

この天香具山の土と丹生の川上における祭祀こそ、大嘗祭の原初になったのではないか、とする説がある。長くなるが真弓常忠の指摘を引用してみる。

> 神武天皇が、八十梟帥を討って倭国の王者として君臨されるためには、顕露に見えぬ高皇産霊神の霊が憑りついて、現実に見える神、すなわち〝現人神〟となられる儀式が必要であったことを意味する。天皇が神としての御霊質を得られることによって、はじめて天皇としての御資格をもたれる儀であるといえる。
> （中略）ここで神武天皇は、真榊に諸神を勧請して祭祀を行う、神を「祭る人」から高皇産霊尊の霊が憑りついた「祭られる神」に転生されるわけで、この神を「祭る人」から、「祭られる神」への転生の儀式が「顕斎」である。（中略）
> 神武天皇が倭国に君臨されるがためには、神性を獲得されねばならなかったが、豊葦原の瑞穂国の国魂を体現されることが、この神性を獲得されることであった。（中略）顕斎によって神武天皇がはじめて倭国の王者となられる御資格を得られたことを物語るわけで、大嘗祭を意味するわけである。（『大嘗祭の世界』学生社）

こう述べた真弓常忠は、顕斎によって神武天皇はヤマトの王になる資格を得たと指摘し、さらにこれが「大嘗祭」そのものだというのである。

なるほどたしかに『日本書紀』は、神武東征説話の中で大嘗祭の起源を語っているのかもしれないし、祭司王（さいしおう）の誕生を「歴史」として説明しているのかもしれない。

しかし、神武東征説話をめぐっては、まだまだ多くの謎が隠されている。

問題のひとつは、このあとの先住の王・饒速日命の行動にある。

神武天皇が、饒速日命の身内である長髄彦（ながすねびこ）と対峙（たいじ）すると、長髄彦は「饒速日命は天神の子だが、あなたはニセモノだろう」と疑う。ところが饒速日命は、最後まで神武天皇に抵抗する長髄彦を殺してしまう。そして神武天皇にヤマトを明け渡してしまうのだ。

くどいようだが饒速日命は物部氏の祖である。物部系の『先代旧事本紀』は、饒速日命の子・宇摩志麻治命がヤマトの儀礼を整えたといい、天皇家の祭祀形態に物部氏の強い影響が見える。しかも物部氏は大嘗祭に際し、他の豪族から反感を買うことなく重要な役割を担っている。

さらにつけ加えるならば、前方後円墳と物部氏の盛衰が重なっている。ヤマト建国は「前方後円墳」の完成と伝播が大きな意味を持っている。「墳丘上で首長霊を祀る」という信仰形態を各地の首長が受け入れていったのだ。この前方後円墳体制は六世紀末から七世紀の初頭まで続いた。

問題は、ヤマト建国以来六世紀末に至るまで日本でもっとも強大な勢力を保ち、広大な領土を持っていたのは、物部氏だったということで、蘇我氏の台頭とともに力を削り落とされていった。前方後円墳体制が崩れていくのとほぼ同時に物部氏が衰退していくのは決して偶然ではなく、七世紀以前の神祇祭祀（古い神道）の中心に立っていたのは、物部氏だったのである。

ただしそうなると、ひとつ謎が生まれる。「呪術を駆使して西から攻め込んできた神武天皇」を饒速日命は身内を裏切ってまで受け入れた。一方の神武天皇はというと、「呪術戦で敵を圧倒したのに、あえて饒速日命らの祭祀形態を受け入れてみせた」ということになる。このあたりがどうもすっきりしない。なぜ、神武天皇は敗者の信仰形態を受け入れたのだろう。

神を祀るのは女性

天皇が「天の羽衣」を着る意味

大嘗祭のクライマックスでは、奇妙なことが行なわれる。

十一月中の卯の日の夜（午後八時ごろ）、天皇は廻立殿で沐浴をし、その後、斎服に着替え、悠紀殿・主基殿の儀に臨む。問題は沐浴のとき、天の羽衣を着たことである。平安時代の儀式書『江家次第』には「天の羽衣を着して御湯を供す」とある。

古くは、入浴に際し貴人たちは湯帷子を用い、湯から出ると乾いた衣に袖を通した。ならば「湯帷子」と言えばよいのに、なぜわざわざ「天の羽衣」と呼ぶのだろう。

折口信夫は、外来魂が人間の体（容器）に入り込み、逆に離れていくことを繰り返す「たましい（霊）」という信仰を念頭に、外にある魂を体の中につなぎ止める祭儀が「たましづめ（鎮魂）」であったとする。天皇は大嘗祭で密閉された御殿（容器）に籠もり（物忌み）、「天皇霊」を付着させ、身体（容器）を満たし、「死」と「復活」を演じた、と推理した。

そのうえで折口信夫は、天の羽衣について、物忌みの籠もりから解放するための道具に過ぎないと考えた。天の羽衣は具体的にはフンドシで、これを解いた女性が天子（天命をうけて地上を治める者）の妻になる、というのである。

しかし、筆者はこの考えに従うことはできない。丹後半島の天の羽衣伝承では、天の羽衣を奪われた天女（豊受大神）は空を飛ぶことができなくなった（霊力を失った）といっている。『竹取物語』の「かぐや姫」がそうであるように、天の羽衣は着たときに奇跡が起きるのであって「フンドシを脱いで聖婚をする」という考えは飛躍と思われる。

西郷信綱は『古事記研究』（未來社）の中で、大嘗祭は地上の祭りではなく、高天の原（天上界）の行事であるといい、天の羽衣を着て沐浴することは「身分上の一つの転換、すなわち高天の原の身分へと変ったことを意味する」と指摘した。

一方、高取正男は『神道の成立』（平凡社選書）の中で、次のように述べている。

天皇は聖なる浄衣（湯帷子）を身につけることで、日常性と最終的に訣別する。そのときから天皇自身はもちろん、天皇が主役をつとめる大嘗宮全体が聖なる時間帯に入る。このことが基礎にあって、この浄衣を「天の羽衣」とよびならわしたのだろう。

なるほど、そのとおりだろう。天皇は天の羽衣を着た直後から神聖な存在になっていく。だから、天の羽衣は聖なる衣なのである。しかし、ひとつ釈然としないのは、大嘗祭の天皇を除くと、「羽衣」は女性が着るのが定番なのである。

豊受大神の登場する丹後半島の天の羽衣伝承やかぐや姫がそうであり、能の『羽衣』でも、やはり天女の服が羽衣だ。なぜ大嘗祭の天皇だけが男性なのだろう。

『竹取物語』ではかぐや姫が月に戻るため、天の羽衣を着せられるとき、かぐや姫は「羽衣を着たら人ではなくなってしまう」「人間界の記憶をなくしてしまう」と言い、「その前に言い残しておくことがある」と語っている。

やはり天の羽衣を着ることには大きな意味が隠されていたのだ。

そして、天の羽衣を着るのは天女や聖女（かぐや姫）であり、大嘗祭の天皇だけが男性なのである。ここに大きな謎が隠されている。

実は、大嘗祭の天の羽衣は天皇の女装にほかならないとする考えがある（中村生雄著『日本の神と王権』法藏館）。いったい、どういうことだろう。

祟る神（鬼）を鎮められるのは「童女」と「巫女」

女装する天皇の蓋然性は高いと思う。日本の信仰の根幹を探っていくと、「神とつながるのは女性」と信じられていたことが分かるからだ。

なぜそのようなことがいえるのか、以下説明していこう。

まず、日本人にとっての「神」とは原則「祟る神（鬼）」であった。恵みをもたらすありがたい存在である以前に、災害をもたらす恐ろしいものだったのだ。それをなだめすかすのが神道祭祀の基本である。怒りを鎮め、恵みをもたらす神に変身していただく。

ただただ神は恐ろしい存在だったのだ。神（大自然）の前には手も足も出ないという諦観が、われわれにはある。自然災害に苦しめられてきた日本列島特有の信仰といっても過言ではないかもしれない。

では、具体的にどうすれば、「祟る神＝鬼」を鎮めることができたのだろう。昔話で鬼を退治するのは童子（子供）であった。それはなぜかといえば、童子は生と死の境に近い聖なる存在であり、しかも驚異的な成長をする。だから鬼に対抗できる人間といえば、童子だったのだ。

けれども童子よりももっと強力な力を持った者がいたようなのだ。それは、「童女」と「巫女」である。

『古事記』によれば、ヤマトタケルは身長が約三メートルある大男だったが、クマソタケル（熊襲建、熊襲梟帥）退治に際し、「童女の髪のようにその結んであった髪をけずり垂らし、姨（ヤマトヒメ）の御衣御裳を着てすでに童女の姿になって女人の中に紛れ込み……」そうして、クマソタケルに近づいていったわけだ。『日本書紀』には「髪を解き、童女の姿に作りて」とある。つまり女装し、童女の格好になったのである。

このとき、クマソタケルは新築の祝宴を開いていた。だからヤマトタケルは女装して相手を油断させたということになるが、「御衣御裳」がヤマトを代表する巫女・ヤマトヒメ（伊勢神宮の倭比売命）のものだったことは無視できない。

「神は女性が祀る」のが日本の原則

第一章で述べたように、古代の日本では男性の為政者（王）に親族の女性が「巫女」として補佐していた。これを「ヒメヒコ制」といい、七世紀初頭まで制度は継続し、中国・隋の文帝を呆れさせた。もちろんこのとき、推古天皇（第三三代、在位五九二〜六二八）や聖徳太子、蘇我馬子らは、制度改革を推し進め、中央集権国家づくりの基礎を固めていき、ついには隋使・裴世清（六〇八、遣隋使・小野妹子らの帰国のときに来日）を迎え入れ、新生日本をアピールすることになるのだが、それでも「神を巫女が祀る」という習俗をバッサリ捨て去ったわけではなかった。

まず、仏教公伝（五三八あるいは五五二）ののち、蘇我氏が試しに邸宅を寺とし仏像を祀りはじめるが、このとき寺に入ったのは女性だった。これは仏教では非常に珍しいことで、日本で最初の本格的寺院・飛鳥寺（法興寺、奈良県高市郡明日香村）を「法師寺（男性の僧のいる寺）」と形容するのは、それまで蘇我氏が、女性（尼僧）に仏を拝ませていたからなのだ。それはなぜかといえば、「神を祀るのは女性」という通念があったからだろう。

律令制度が整ったのちも神を祀るのは女性の仕事だった。もっとも分かりやすいのは伊勢斎宮だ。伊勢斎宮には伊勢の神を祀る斎王（斎宮）が奉仕している。斎王は内親王（天皇の娘）か天皇の親族の女性から選ばれた。天武天皇の時代（七世紀後半）に斎宮の制度は整えられ、天武天皇が指名した斎王は大津皇子の姉・大来皇女（大伯皇女）であった。大津皇子が謀反を起こしたとき、密かに伊勢に赴き、大来皇女を訪ねていたことは『万葉集』に記録されている。

斎王は、伊勢の神（ここではあえて天照大神とは言わないでおく）の御杖代として仕えるが、未婚であることが絶対条件であった。退任しても原則として結婚しない。

斎王の制度は中世に至るまで続けられていった。ここに、日本人にとっての「神祀り」のひとつの真実が隠されている。

伊勢神宮に伝わる秘中の秘

なぜ女性が神を祀ったのだろう。そしてなぜ、ヤマトタケルは女装をしたのだろう。

まず片づけておかなければならないのは、伊勢神宮内宮の祭神・天照大神の正体についてである。天照大神最大の謎は、なぜ都から遠く離れた伊勢で祀られていたのか、そのきっかけである。

『日本書紀』に従えば天照大神は、崇神天皇（第一〇代）の時代まで、倭大国魂神（日本大国魂神。ヤマトの土地の神。現在、奈良県天理市にある大和神社の祭神）とともに宮中で祀られていた。

ところが崇神天皇は神々の勢いを恐れ、ともに住んでいられなくなった。天照大神を豊鍬入姫命（崇神天皇の娘）に託し、ヤマトの笠縫邑に祀り、神籬（神の宿る森）を建てた（奈良県桜井市の「元伊勢」と呼ばれる檜原神社であろう）。

崇神天皇の子・垂仁天皇（第一一代）の時代、天照大神はヤマトヒメ（垂仁天皇の娘。ヤマトタケルに御衣御裳を渡したあの人だ）に託され、東に向かう。そしてたどり着いたのが、伊勢だったのだ。天照大神は、次のようにヤマトヒメに語った。

「神風の伊勢国は常世の波が繰り返し打ち寄せる国である。ヤマトから見て遠く隔たった美しい場所だ。この国にいようと思う」

そこでヤマトヒメは教えのままに祠を伊勢に建て、斎宮を五十鈴川の上流に建てた。これを磯宮という。ここが、天照大神が天上界からはじめて下った場所だという。

どうにもよく分からないことが二つある。

まず第一に、天皇家の祖神である天照大神をなぜ崇神天皇は恐れたのか、ということだ。そして第二に、天照大神はなぜ女性に依り憑くのだろう。二度とも女性を必要としたのだから、これは偶然ではないはずだ。

この第二の謎から考えてみよう。

これまで触れた二人の女性が、宮中から天照大神を連れ出し伊勢に移した。そして七世紀に伊勢斎宮が整えられ、天皇の親族の未婚の女性が伊勢の神を奉斎した。それだけではない。伊勢の神はなぜか女性に囲まれた神だ。

伊勢神宮外宮の祭神は豊受大神だが、はじめから伊勢にいたわけではなかった。『止由気宮儀式帳』や『皇大神宮儀式帳』（『延暦儀式帳』）、『倭姫命世記』などによれば、雄略天皇の御世、天照大神が「ひとりでここにいて御饌（食事）をやすやすと食べることもできない。丹波国与謝郡（丹後半島）に坐す神を連れてくるように」と命じた。これが豊受大神であり、すでに述べたように天の羽衣伝承の主役となった女神であり、天照大神に御饌を供進する役目を負っていくこととなる。

伊勢神宮には秘中の秘があって、それが正殿床下に屹立する「心の御柱」だ。地面から飛び出した柱で、床とはつながっていない。建築構造上まったく必要のない木柱（もくちゅう）が、神聖な柱として重視されている。

二〇年に一度の遷宮（せんぐう）に際し、真っ先に心の御柱用の木材が伐（き）り出され、新しい社殿が完成すると旧社殿は取り壊されるが、心の御柱には小屋のような覆（おお）いが造られて守られていくのだ。

ただし「そこにある意味」がまったくもって藪（やぶ）の中だ。秘中の秘なのだから、何も分からない。そして誰も触れてはいけない、祀ってもいけない。どんなに位の高い神職でも、心の御柱に直接携（たずさ）わることは不可能なのだ。唯一、「大物忌（おおものいみ）」という童女だけが心の御柱を祀ることができる。ただし、童女も成長すると大物忌の任を解かれる。

ここで言いたいことは、ただひとつだ。伊勢の神と伊勢の秘中の秘を祀る者は「女性に限られる」ということだ。斎王（斎宮）、大物忌、そして外宮の神・豊受大神も、伊勢の神を祀る者は、みな女性なのだ。

これは「神や仏を祀り拝む者は女性」という通念とかかわりがあるのだろうか。『日本書紀』に従えば、伊勢神宮内宮の神は天照大神で、女性の太陽神だ。しかし、それは本当だろうか。伊勢の神が男性だったから女性（巫女）があてがわれたのではあるまいか。ある時代まで「伊勢の神は男神（おがみ）」という暗黙の了解があったとしか思えないのである。

伊勢の神の根源は男性の太陽神だった

まずここで確認しておきたいのは、古代の「天照＝太陽神」は決して一人ではなかったということだ。『日本書紀』は八世紀の朝廷が正式に記録した歴史書であり、その中で「天照大神は天皇家の祖神で女性の太陽神」といっているが、実際には、それぞれの地域や氏族ごとに太陽神を思い抱き、祀っていたはずなのだ。「ヤマトには太陽神は一柱しかなかった」という考えは、古代社会をまったく勘違いしている。『日本書紀』の作り出した幻想に惑わされているだけだ。

その証拠に、物部系の『先代旧事本紀』には、物部氏の祖・饒速日命に「天照」の二文字を副えて「天照国照彦天火明櫛玉饒速日尊」と称えている。『日本書紀』は、天照大神の子・オシホミミ（正哉吾勝勝速日天忍穂耳尊）とタカミムスヒ（高皇産霊尊）の娘の間の子がアメノホアカリ（天照国照彦天火明命）で、尾張氏の遠祖であるという。その弟が天皇家につながるニニギ（天津彦彦火瓊瓊杵尊）だ。『日本書紀』に天照大神とは別の「天照」が登場していることは興味深い。

日本各地の神社で「天照」の二文字を冠した神を祀っている。しかもそれは、天照大神ではないことがしばしばで、男性の太陽神である場合が多い。

『日本書紀』の記事も実にあやふやだ。天照大神は神話の中で、最初「大日孁貴」の名で登場していた。これは「大日巫女」で、太陽神を祀る巫女に過ぎない。それが、いつの間にか天照大神に変身している。通説は「祀る者が祀られる者に昇華した」といっているが、どうにも腑に落ちない。

天照大神は斎服殿で神衣を織っており、これは男神を祀る巫女の典型的な姿だ。神話の中でヒルコ（蛭子命）が登場し、でき損ないだったために捨てられたとある。ヒルコは男性の太陽神で、ヒルメ（日女）と対になっている。だが、ヒルコは捨てられてしまったことになる。

泉谷康夫氏は、捨てられたヒルコこそ、スサノヲであり、皇室の祖だったと推理している（『記紀神話伝承の研究』吉川弘文館）。

『日本書紀』の天照大神とスサノヲの誓約の場面で、『日本書紀』はいくつもの別伝を用意していた。誓約に用いた小道具も、別伝ごとに組み合わせが異なっている。新旧の説話が混じっているようなのだ。

そこで泉谷康夫は、天照大神が誕生する以前の太陽神が「日神」と呼ばれていた記事が古い伝承とみなし、日神がもっていた剣から三女神が生まれ、次にスサノヲの所持していた五百箇御統之瓊から五男神が生まれたという話が神話の原型とみなした。そして、スサノヲの子の正哉吾勝勝速日天忍穂耳尊が天皇家の祖神だから、スサノヲが皇室の祖先と考えられたのではないかと疑ったのである。また、ヒルコ・ヒルメのペアのヒルコはスサノヲ、ヒルメは天照大神の古い呼び名と考えた。

ヒルコは不具だったために捨てられたが、スサノヲは成人しても泣きやまず、この「大人になれない」という共通の属性を備えていた。

天孫降臨神話も、スサノヲがからんでいた可能性が高い。『古事記』には、天孫降臨を果たしたニニギが、笠狭碕（鹿児島県の野間岬）で大山津見神の娘を娶ったと記録する。いっぽうスサノヲは、出雲国の簸川の上流部に舞い下り、国神・大山津見神の子・足名椎の娘を娶っている。ニニギとスサノヲは、どちらも地上界に舞い下りて山の神の末裔の女性と結婚している。これは、偶然なのだろうか。「スサノヲのモデルとなった人物群」こそが、天皇家の祖であり、太陽神だった可能性を疑っておきたい。

問題は、なぜスサノヲが毛嫌いされたのかなのだが、スサノヲが蘇我氏と強くつながっていたからだろう。

スサノヲと蘇我氏は、よく似ている。斉明天皇の時代に蘇我入鹿が笠を着た鬼として登場するが、スサノヲも蓑笠を着ていた。

スサノヲは出雲の須賀（島根県雲南市）に宮を建てる。「すがすがしいから須賀」だという。須我神社の奥宮にはスサノヲとキサキ、そして二人の間の子が鎮座する。子の名は清之湯山主三名狭漏彦八島野命で、但馬国一宮の粟鹿神社（兵庫県朝来市）では、清之湯山主三名狭漏彦八島野命は「蘇我能由夜麻奴斯禰那佐牟留比古夜斯麻斯奴」と表記されている。粟鹿神社は「清［スガ］」を、あえて「蘇我［ソガ］」に書き替えている。恣意的だと思う。

出雲大社本殿真裏にスサノヲを祀る「素鵞社」が鎮座する。これは「すがのやしろ」ではなく「そがのやしろ」と読む。「スガ」が音韻変化して「ソガ」になったようだ。奈良県橿原市の蘇我氏の祖神を祀る宗我坐宗我都比古神社の最寄り駅は近鉄大阪線の「真菅駅」で、蘇我氏の地盤は「スガ」の地名だったことがわかる。奈良県高市郡明日香村のアスカも「ア（接頭語）＋スカ」である。「ソガ」と「スガ」

は、ここでも交錯している。出雲と蘇我氏は「スガ」でつながってくる。

門脇禎二（かどわきていじ）は出雲と蘇我の関係をいち早く指摘していて（『出雲の古代史』ＮＨＫブックス）、蘇我氏が六世紀に出雲を支配したことによって、スサノヲと関わりをもつようになったと推理したが、ヤマト建国前後から、スサノヲと蘇我氏の祖は、強く結ばれていたはずだ。すでに触れたタニハ連合の王がスサノヲであり、蘇我氏もタニハ出身だった可能性が高い（拙著『海洋の古代日本史』）。

スサノヲとつながる蘇我氏は、藤原氏にとって「かつての政敵」であり、スサノヲを「日本の太陽神」の位置に立てるわけにはいかなかったのだろう。

スサノヲだけではない。『日本書紀』には「こちらのほうが太陽神にふさわしい」という男神（歴史上の人物もふくめて）が複数登場する。天孫降臨で先導役を務める猿田彦（さるたひこ）、「太陽神そのものの名」を与えられた天日槍（あめのひぼこ）（天之日矛）たちだ。特に猿田彦は天照大神にそっくりなのに悲劇的な運命をたどるから無視できない。

女装する天皇

天照大神を女神にしなければならない理由

ちなみに猿田彦の鼻は異常に長く（鼻の長さ七咫(ななあた)）、これは「陽根」を意味する。陽の神の性格を強調するためなのか、手には「矛(ほこ)」を持ち、目や尻が八咫鏡(やたのかがみ)のように照り輝いていたとある。

一方、猿田彦とコンビを組むアメノウズメ（天鈿女命(あめのうずめのみこと)、天宇受売神(あめのうずめのかみ)）は天の岩戸神話でヌードショーを行ない、天照大神を洞窟(どうくつ)から誘い出す役目を負っていた。太陽神である天照大神（陽の神）を「陰の象徴」であるアメノウズメが誘惑していたのだ。そのアメノウズメが天孫降臨神話では猿田彦の前に登場するのだから、猿田彦の属性は太陽神そのものと言っていい。そして猿田彦はなぜか伊勢の海に沈められてしまう。猿田彦はヒルコと同じように「捨てられた太陽神」であろう。

このように日本人にとっての太陽神は天照大神だけではなかった。村々、ひとりひとりのイメージする太陽神、お天道様が存在したのだ。しかも多くの場合、太陽神は男性だったのである。

なぜこのようなことにこだわるのかといえば、「伊勢神宮に祀られる太陽神が女性」という決まりは、『日本書紀』が八世紀の段階で、「ご都合主義的」に創作した概念ではないかと思えてならないからだ。古代の日本人（正確には古代の日本列島人）が信じていた太陽神はたいがいの場合、男神であったにもかかわらず、女神にせざるを得ない抜き差しならぬ事情が、『日本書紀』の編者にはあったのではないかという疑いである。

結論だけ先に言っておくと、『日本書紀』は女帝の持統天皇を「新たな王家の始祖」に祀り上げるために、本来、男神だった「太陽神・天照大神」を女神にすり替えたのだと思う。

すでに述べたように、夫・天武天皇の遺志を継承するために持統天皇が即位したと信じられているが、持統天皇は天智天皇の娘で、天智天皇と天武天皇は兄弟でありながら支持母体が異なり、政策が正反対で、殺し合いをしかねないほど兄弟仲が悪かった。天智天皇崩御ののち、天武天皇は天智天皇の子を倒して玉座を獲得した。これが壬申の乱（六七二）で、天武天皇崩御ののち天智天皇の娘・持統天皇が即位し、王統にねじれが生まれた。天武系王家でありながら天智系の女帝が誕生してしまったのだ。

持統天皇が「太陽神・天照大神」になることによって、観念上の「天智・持統朝」が始まっていたのである。だからこそ「静かな政変」なのである。

持統天皇の諡号（死後贈られる名）は、最初は「大倭根子天之広野日女尊」だったが、のちに「高天原広野姫天皇」にすり替えられている。後者は高天の原を支配する天照大神を意識した名で、「何者かが持統天皇を天照大神に重ねた」ことは明らかだ。それは天武天皇を憎み、持統天皇を後押ししていた藤原不比等であろう。

もちろん、なぜこのような複雑な関係になってしまったのかについてはあとで触れる。

伊勢の神と三輪の神は同一分身？

ヤマトの王家発祥の地である三輪山周辺に不思議な伝承が残されている。三輪山に祀られる大物主神と伊勢の神は同一だという。大物主神は出雲の神で、もちろん男神である。

謡曲『三輪』にも奇妙なことがある。平安時代の高僧・玄賓は三輪山麓に庵を結んでいた。玄賓の前に三輪の神（三輪明神、大物主神）が現れる。「女姿と三輪の神、女姿と三輪の神」と、地謡（バックコーラス）は謡う。三輪明神は十寸髪（乱れ髪を施された女神の面）に、男性神職がつける風折烏帽子、絹の狩衣を裳裾の上にかける姿だ。そして物語は進み、地謡は次のように進んでいく。

> 思へば伊勢と三輪の神、思へば伊勢と三輪の神、一体分身の御事、いまさら何と磐座や

「伊勢の神と三輪の神が一体分身であることなど、なぜいまさら改まって述べる必要がありましょう」というのである。

三輪の神が「女姿」で現れたことについて、いくつか議論がある。

中世の段階では「三輪女体説」は一般的になっていて、それは、謡曲『三輪』のいう「伊勢と三輪は同一」という発想とかかわりがあるらしい。

現代的には「両性具有的」と解釈され、男性の神職の服を女性の衣裳の上から着込んでいることに関して、「巫女に大物主命が依り憑いて」(小山弘志、他校注『日本古典文学全集　謡曲集一』小学館)、「女姿であらわれた神が男装していることを示す」(小山弘志編『新編　日本古典文学全集　謡曲集1』小学館)というのだ。

また、「本地垂迹説」が盛んに唱えられ、本地は大日如来であり、三輪と伊勢双方に垂迹(仮の姿で現れること)したと信じられていたのではないかとする説(伊藤正義著『謡曲雑記』和泉書院)、神の性別は、生物的な性差ではなく、社会的文化的な性差＝ジェンダーで容易に入れ替わるとする説(田中貴子著『聖なる女』人文書院)などがある。

しかし、そもそも天照大神は本当に女神だったのかという問いかけがなぜ登場しないのだろう。天照大神は男神だったのに、いつの間にか女神に入れ替えられ、その「大きな嘘」を暴くために大物主神は女装したのではないかと思えてくる。

そこで、天照大神と大物主神の関係をもう少し追ってみたい。

大物主神は「祟る神」

さて、『日本書紀』を信じれば、伊勢の天照大神と三輪の大物主神はまったく別の神だ。性も真逆ではないか。接点があるとすれば、はじめ天照大神が三輪山麓の崇神天皇の宮（磯城瑞籬宮）や檜原神社で祀られていたことぐらいだろうか（位置的に近い）。

そういえば、もうひとつ接点がある。現実離れした説話の中に天照大神と大物主神をつなぐ、かすかなつながりがある。

崇神天皇は、天照大神と倭大国魂神を宮中から外に出したが、その直後の崇神五年、国内に疫病がはやり、人口が半減してしまった。崇神六年には、百姓は土地を離れ流浪し、背く者も現れた。天皇の徳をもってしても治めがたかった。天皇は政務に励み、天神地祇に罪を謝ることを請うた。

崇神七年春二月、天皇は神浅茅原（奈良県桜井市茅原）にお出ましになり、八十万の神々を集め、占ってみた。すると倭国にいる大物主神が倭迹迹日百襲姫命（第七代孝霊天皇の娘）に憑依し、次のように述べた。

「天皇よ、なぜ治まらないことを憂えるのだ。もしよく我を敬い祀れば、必ず平穏が訪れるであろう」

と述べた。そこでそのとおり、この神を祀ってみた。だが何も変化はなかった。

そこで天皇は沐浴し斎戒（さいかい）して身を清め、殿内（みあらかのうち）を清浄にして祈った。

「私は神をじゅうぶん敬っていないのだろうか。なぜ祈りを受け入れてもらえないのだろう。願わくは夢の中でお教えいただき、神恩を与えていただきたい」

と述べられた。するとその夜、夢の中に一人の貴人が現れ、みずから大物主神であることを名乗り、次のように語った。

「そう憂えなさいますな。国の治まらないのは私の意志なのだ。もし我が子・大田（おおた）田根子（たねこ）をして私を祀らせれば、たちどころに平穏は戻り、海の外の国はおのずから帰服してくるだろう」

このお告げは崇神天皇だけが聞いたのではなかった。この年の秋八月、倭迹迹日百襲姫命（倭迹速神浅茅原目妙姫（やまとととはやかむあさじはらまぐわしひめ））と、穂積臣（ほづみのおみ）（物部系）の遠祖・大水口宿禰（おおみなくちのすくね）と、伊勢麻績君（いせのおみのきみ）（麻の和衣（にきたえ）を織り、伊勢神宮に奉納する一族）の三人も夢を見ていた。それによると、

「昨夜の夢に一人の貴人が出ていらっしゃいました。そして、大田田根子をもって大物主神を祀る主とし、また市磯長尾市（いちしのながおち）（倭直（やまとのあたい）、倭国造（やまとのくにのみやつこ）の祖）をもって倭大国魂神を祀る主とすれば、必ず天下太平になるだろうというのです」

崇神天皇は大田田根子を探し出し、大物主神を祀らせた。そして物部氏の祖・伊（い）

香色雄をして神班物者（神に捧げる幣帛をわかつ人）に任ずることを占うと「吉」と出て、他の神を祀ることを占うと「不吉」と出た。同じく崇神七年十一月、伊香色雄に命じて物部八十手（物部の多くの人びと）が作る祭具をもって、また大田田根子をもって大物主神を祀る主とし、市磯長尾市をもって倭大国魂神を祀る主とした。その後に他の神を祀ることを占うと「吉」と出た。

そこで八十万の神々を祀り、天社（天神を祀る社）、国社（国神を祀る社）、神地（神社をまかなう田）、神戸（神社に属する家と民）を定めた。そうすると疫病の流行は終息し、国中が静かになった。五穀は実り、豊穣がもたらされたのである。

このように天照大神と倭大国魂神の神威が恐ろしくて宮から外に出した直後、政権を揺るがすほどの災禍に見舞われ、占ってみると大物主神の祟りと分かった。そこで大物主神と倭大国魂神を祀るようになったのだという。

「伊勢神は男神」で斎王は神の妻

この一連の話は実に興味深い。

神話じみていて「歴史とはほど遠い」と軽視されているが、「大物主神を祀れば、海の外の国が帰属してくる」という本来必要のない話が挿入されているところに、かえってリアリティを感じてしまう。崇神天皇はヤマト建国時の王と見なされているわけだが、ヤマトに多くの首長が集まり、みなで王を選び決める段階で主導権争いが勃発し、朝鮮半島南部の国々との間に軋轢が生まれていたとしてもおかしくはない。

大物主神は誰よりも早くヤマトにやってきたと『日本書紀』はいう。しかも、新羅（朝鮮半島南部）と多くの接点を持っていたのが出雲である。出雲は国譲りを強要され、ヤマトを恨んでいたのだから「呪われた崇神天皇が出雲の神を丁重に祀り、そうしたら朝鮮半島の国々が納得した」という話は単純な作り話ではなく、何らかの史実を神話風にアレンジしたのではないかと思えてくるのである。

そのうえで一連の神々の動向に注目すれば、興味深い事実が浮かび上がってくる。

天照大神と倭大国魂神が最初はセットで宮中に祀られていて、宮中から出されると今度は大物主神と倭大国魂神のペアが祀られるようになったという。ここで天照大神と大物主神が入れ替わっている。もし謡曲『三輪』のいう「伊勢（天照大神）

と三輪（大物主神）は一体分身」をこれに当てはめれば、矛盾はなくなる。

伊勢の神が男神だったという話は、古代中世を通じて誰もが知っていて、それは「暗黙の了解」とうなずき合っていたのではないかと思える節がある。

天照大神が男性の姿で現れるのはそう珍しいことではない。高野山の曼荼羅には男性の天照大神が描かれているし、京都・祇園祭の山車に乗る天照大神の人形がふさふさのヒゲを蓄えていることはよく知られている。宝生流・喜多流の謡曲『絵馬』では、天照大神が男神として登場する。

伊勢神宮の斎王（斎宮）に厳しい「禁欲」が求められたのも、斎王が神の妻になると信じられていたからではなかろうか。

雄略天皇の時代、男性と通じていたと疑われた栲幡皇女はみずから死を選んだが、遺体の腹を割かれ、妊娠の有無を確かめられたという。

その後も、男性と結ばれたために解任された斎王は何人も出ていた。

『伊勢物語』第六十九段に、次のような話がある。

平城天皇の孫・在原業平が伊勢国に赴いたとき、斎王は親から「いつもの使いよりも懇ろにもてなすように」と伝えられていたため、丁寧に接待した。そして在原業平を斎宮に泊め、部屋に忍び込み、ともに過ごしたという。

この晩、ふたりが何をしていたのか物語は語ろうとはしない。しかし何が起きていたのかは詮索するほうが野暮というもの。わざわざ意味深長に書かれているのは、斎王が神の妻と認識されていたからだろう。

鎌倉時代の僧・通海が伊勢神宮に参拝したときの話に、斎王の寝床の上には毎朝必ず蛇のウロコが落ちていたといい、伊勢の神が通ってくるからだという噂を書き留めている（『大神宮参詣記』）。

「通ってくる蛇」といえば、『日本書紀』の倭迹迹日百襲姫命とそっくりだ。崇神天皇の時代、大物主神が憑依した巫女である。

倭迹迹日百襲姫命は夜しか通ってこない夫（大物主神）の姿を見たくなり、懇願した。すると大物主神は「明朝、櫛笥に入っていようと思うが、姿を見ても驚かないように」と釘をさした。はたして翌朝、櫛笥を開いてみると、そこにいたのは美しい小蛇だった。

なぜこれほど、伊勢と三輪の神をめぐる伝承がそっくりなのだろう。それは伊勢の神が男神だったからではなかろうか。

伊勢斎宮に未婚の皇女が差し向けられ、伊勢神宮の秘中の秘「心の御柱」を童女（大物忌）だけが祀ることができたのは、みな「伊勢の神が男神だったから」と考えると、辻褄が合ってくる。大嘗祭で天皇が天の羽衣を着て女装したのは、天皇の祀るもっとも大切な神・天照大神が男神だったからだろう。

祟る神を豊穣の神に変身させる方法

太古の日本人の信仰は単純明快だ。何度も言うように神は大自然であり、神が怒り狂うことで災害がもたらされると信じていた。ちなみに筆者は、初代神武天皇、第一〇代崇神天皇、第一五代応神天皇はみな、ヤマト黎明期の王と考える。同時代の人物群を三回に分けて記述することで、『日本書紀』はヤマト建国の真相を闇に葬ったのだ（拙著『ヤマト王権と古代史十大事件』ＰＨＰ文庫）。全員に「神」の名が冠せられているから、「神のような偉大な王」と考えがちだが、実際には「祟る神（鬼）のように恐ろしい王」であり、逆に「恐ろしい神（鬼）を崇めた王」でもあった。

古代人にとって「神」は災厄をもたらす「鬼」だったのだ。だから、災厄から逃れるには神をなだめすかすしかない。そのために、もっとも有効な手段は何か。それがハニートラップだったようなのだ。

神話の中でスサノヲは天上界から出雲に舞い下り、「八岐大蛇退治」をしている。

毎年一人ずつ娘を奪われ、今年は最後の一人だという。それが奇稲田姫で、スサノヲは八岐大蛇を酔わせて斬り殺す。ちなみにこのとき八岐大蛇の尾から出てきたのが天皇家の三種の神器のひとつで、現在も熱田神宮（愛知県名古屋市）に祀られる草薙剣である。

神話の設定は八岐大蛇が娘を奪いに来ることになっているが実際には、娘は人身御供として差し出されたのだろう。これが「巫女」の原初の姿と考えられる。恐ろしい神を鎮めるために女性が必要だった。太古の日本では生贄にされていたのだろう。

そしてスサノヲは人身御供を改め、新たな祭祀を出雲で提案したのだろう。すなわち、女性を「祟り神」に捧げる代わりに、女性（巫女）が神と性的な関係を結び、神をなだめすかすという祀り方である。

佐藤正英は、根源的で第一義的な、しかも形を持たない神を「もの神」と呼び、神の現出は多くの場合、災厄をもたらすといい、次のように述べる。

> もの神は美麗な男に化身して世俗時空に顕現（けんげん）し、美しくすぐれた女人と性的交渉をもつ。性的交渉は〈なにものか〉としての他であるもの神との融合を夢想（むそう）して、もの神を身体における対として受容する呪的作為（さくい）である。（『古事記神話を読む』青土社）

さらに、次のようにいう。

> もの神は祀りを介することによって、不意（ふい）に顕現し、ひとびとに災厄をもたらす恐るべき荒荒しい在りようから、一定の時と処（ところ）にくり返しやってきて、ひとびとに豊穣と富裕（ふゆう）と安穏（あんのん）とをもたらす和（やわ）らいだ在りように変容する。（前掲書）

実に斬新（ざんしん）なアイディアといえるだろう。この「神と巫女」の関係が、古代の祭祀形態に強く結びついていった可能性が高い。

中村生雄は『日本の神と王権』の中で、これを「発生としての祀り」と指摘している。すなわち、祟る神を巫女が性的交渉によってなだめすかし、豊穣の神に変身させるのだ。しかも巫女は神から力をもらい受け、さらにそのパワーを兄弟や甥（王や首長たち為政者）に「放射」する。これが、いわゆる「ヒメヒコ制」の原理と言っていい。

もちろんこの図式を伊勢神宮に当てはめれば、外宮の豊受大神、伊勢斎宮の斎王、「心の御柱」を祀る大物忌と、内宮の周囲をすべて女性が固めていた理由がはっきりとする。「内宮の祟る男神」を三者三様に〝よいしょ〟しているのだろう。

そして崇神天皇の時代、天皇の祖神であるにもかかわらず、天照大神の霊威が恐ろしくなり、「とてもではないが一緒に暮らせない」と宮から外に出した理由も、これではっきりとする。天照大神は恐ろしいから、巫女が必死に祀り、恵みをもたらす神に変身させたのだろう。

なぜ大嘗祭で天皇は女装したのか

ならばなぜ、大嘗祭で天皇は女装する必要があったのかというと、中村生雄は「制度としての祀り」が整ったからだという（『日本の神と王権』）。

崇神天皇は大物主神の祟りを鎮めるために大田田根子を探し出した。大田田根子は男性で、巫女にはなれない。ではどうするのかというと、次のように説明する。まず、祟る神の妻（巫女）は神の子を孕(はら)み、産まれ落ちた子は（生身(なまみ)の人間だが）神の分身となる。祟る神はこうして「祟る神の分身」となって、繰り返し誕生していく。氏族の祖神を末裔の「分身」が祀り続けることによって、祖神の祟り神は恵みをもたらす神に変身してくれるという。

もちろん「ヒメヒコ制」は長い間維持されていくが、ヒコ（為政者）が祖神と直結することで、神とつながっていたヒメ（巫女）は必要なくなり、次第に零落(れいらく)していったというのである。

しかし、実際にかなり新しい時代まで巫女が必要とされたのであり、崇神天皇の時代にすでに巫女が零落していたとは思えない。

筆者は、大田田根子がヤマトに呼び出された本当の理由や、大田田根子の正体については、通説とは異なる考えを持っている。しかもこれがヤマト建国に大いにかかわってくるためここで説明する必要があるが、問題はあまりに複雑で簡潔な説明では胡散臭(うさんくさ)く思われかねないから、詳しくは他の拙著を参照していただきたい（『古代日本人と朝鮮半島』ＰＨＰ文庫など）。

すでに触れたように六世紀後半の仏教公伝で最初に仏を祀ったのは女性で、それはなぜかといえば、「神につながるのは女性」という通念がいまだ健在だったからである。また、最初の遣隋使により日本の統治システムが「ヒメヒコ制」であったことが隋の文帝の耳に入った。ヤマト政権はこの直後から隋の律令制度に倣い、改革のスピードを速めていったようだ。

とはいっても、七世紀後半の天武天皇は娘を伊勢に派遣しているのだから、祖神と巫女の信仰上の性的関係は続いていたということだ。つまり祖神が男神であるというのは暗黙の了解だったのではないか。

ところがこののち、それまでの「ヒメヒコ制」——神と巫女がつながり、そのパワーを王（為政者）に放射するという古典的な信仰形態は意図的に改変されていった、と考えられる。ならば、その転換期とはいつだったのだろうか。

天照大神が女神に改変された時期

そこで、持統天皇である。

夫・天武天皇崩御後、皇太子だった草壁皇子（くさかべのみこ）は即位することなく、亡くなられた。

『万葉集』巻二―一六七は「日並皇子尊の殯宮の時、柿本朝臣人麿の作る歌一首」で、日並皇子尊は持統天皇の一粒種・草壁皇子だ。

この歌が非常に重要な意味を持っている。問題の部分だけ抜粋する。

天地の　初の時　ひさかたの　天の河原に　八百万　千万神の　神集ひ　集ひ
座して　神分り　分りし時に　天照らす　日女の尊　天をば　知らしめすと（後略）

「天地のはじめのとき、神々が天の河原に集まって相談をされた。このとき〝天照らす日女の尊〟は天上界を治めになると……」とある。このあと、「地上界を日並皇子尊が治められていたら春の花のように繁栄していたことだろう」と続くのである。

『日本書紀』が成立したのは養老四年（七二〇）。草壁皇子の薨去は持統三年（六八九）のことだから、『日本書紀』編纂の三十年前に天照大神は「天照日女尊」と呼ばれ、女神と位置づけられていたことが分かる。

ここで、いきさつを整理しておこう。天武天皇の崩御が朱鳥元年（六八六）、その三年後に草壁皇子が亡くなり、天武天皇の后だった鸕野讃良皇女（持統天皇）がその翌年に即位している。草壁皇子の死後、（数多存在した）天武天皇の遺児たちの誰かが即位すべきであった。ところが、ここで女帝の持統天皇が誕生している。結論を先に言ってしまえば、持統天皇は実子である草壁皇子の子・珂瑠皇子（のちの文武天皇）の即位を実現するために強引な方法で玉座を奪ったのだろう。

平安時代後期に書かれた歴史書『扶桑略記』には、持統天皇は藤原不比等の私邸を宮にしていたとある。持統天皇の即位を認めない勢力が存在したのだろう。当然のことだ。

そして、持統天皇は自身の即位を神話的な言い訳を用いて正当化したのだろう。ここで「天照大神は女神」という神話を作ったと考えられる。

『万葉集』巻一－二八も無視できない。新益京（藤原宮）の時代、持統天皇の詠んだ歌で、百人一首にも選ばれている。

春過ぎて夏来るらし白栲の衣乾したり天の香具山

「春が過ぎて夏がやってきた。白い衣が天香具山に干してあるよ……」。初夏の情景を淡々と歌い込んで、名歌と人はいう。しかし百人一首に選ばれたからといって、名歌とは限らない。百人一首ファンにはお気の毒なことだが「藤原定家ともあろう人が、なぜこんな駄歌ばかり選んだのだ」と昔から怪しまれてきたのだ。持統天皇のこの歌も即物的で味がない。

問題は「白栲」がいかにも不自然なことだ。天香具山は先述のように「ヤマトの物実」と称えられ、ヤマトを象徴する山と見なされていた。天香具山の土を奪った者がヤマトの王になれると信じられていたほどである。

その聖山・天香具山に白い衣（洗濯もの）が干してある……。実は、あり得ない光景なのである。

持統天皇が目論んだ神話と歴史の改変

梅澤恵美子は、白栲の正体を「天の羽衣」と推理した。つまり、『丹後国風土記』逸文に記された豊受大神の天の羽衣こそ、持統天皇が歌に詠んだ白栲だという（『不比等を操った女』河出書房新社）。くどいようだが、豊受大神は、はじめ丹後半島にいて、のちに伊勢神宮外宮に連れてこられた神である。

『丹後国風土記』に記された豊受大神の天の羽衣説話のあらすじは、以下のとおり。

八人の天女が沐浴をしていたら、老翁が一人の天女（豊受大神）の羽衣を奪ってしまった。天女は天に帰ることができぬまま、老翁の言いなりになり、地上に留まり、万病に効く薬（酒）を造り続ける。家は豊かになったが、老翁は増長し、天女を追い出した。そして天女は自由の身になった、という話だ。

天女は羽衣を奪われ、空を飛べなくなった。つまり天香具山の歌の真意は、次のようになる。

春が過ぎ、夏が来た。チャンスが訪れたのだ。豊受大神は天の羽衣を干して沐浴している。あの羽衣を奪えば天下は転がり込んでくる。

もちろん、これは現実の話ではない。観念上のたとえ話を持統天皇はしているのだ。

では、なぜここで豊受大神が登場するのかというと、結論だけ述べれば、持統天皇が潰しにかかった政敵（親蘇我派）が、「トヨ（豊受大神）の王家」だったからだ。飛鳥の蘇我系の王家は、「豊」の名を冠した人脈に彩られていた。もっとも有名な人物は「聖徳太子＝豊聡耳皇子」で、推古天皇も「豊御食炊屋姫」だった。彼らは豊受大神と大いに結ばれた人びとだった。

第一章で述べた「タニハ連合」を代表する巫女が神格化され、豊受大神となったのだ（拙著『新史論／書き替えられた古代史2』に詳述）。また、飛鳥のトヨの王家は、ヤマト建国時の歴史の流れを継承していた。だからこそ、『日本書紀』はトヨの王家の正体を抹殺し、伊勢神宮外宮に祀られる豊受大神を『日本書紀』から排除したのである。

そして持統天皇が、豊受大神の天の羽衣を奪い取る一方、「伊勢の神＝天照大神」を女神に仕立て上げ、みずからを天照大神になぞらえることによって「持統天皇に始まる新しい統治システム」を構築したのだろう。

ここに、神祇祭祀の根本的改変が行なわれていたことはまちがいない。

平安時代に『古語拾遺』を記した斎部広成が「事実を述べておかないと、死んでも死にきれない」と叫んでいるのは、一連の持統天皇のしでかした政変劇に端を発していたのである。

本来、男神であった「祟る恐ろしい伊勢の神」を女神にすり替えたことで、女帝の持統天皇と、その孫（珂瑠皇子）の即位の正当性を証明したのだった。しかしそのために、神話と歴史は書き替えられ、祭祀形態も組み替えざるを得なかったのだ。

ただし、それは表向きの話だ。大嘗祭で天皇が天の羽衣を着たのは、天照大神が男神だったからであり、「天照大神から男性の王に直接つながる祭祀形態」を編み出していたのである。

歴代天皇が恐れ続けたヤマトタケル

なぜ天皇の正体を言い当てることができないのか、その理由が見えてきた。それは、ヤマト建国から飛鳥時代、奈良時代の天皇の立場を明確に捉えることができなかったからだ。

そして、なぜ古代史は謎だらけかといえば、『日本書紀』が歴史の真相を抹殺、隠匿(いんとく)したからだろう。そして史学者が、持統天皇と藤原不比等が仕組んだ「目に見えない政変劇」に気づかなかったから、『日本書紀』の歴史改竄(かいざん)のカラクリを見抜けなかったのである。

天武系王家なのに、天智天皇の娘・持統天皇が即位したところから、古代史の悲劇は始まったのだ。藤原不比等は「女帝（天照大神）から始まる新たな王家」という神話を創作し、本来、男神だった伊勢の神（スサノヲであろう）を女神にすり替え、結果、王家の信仰形態もすり替えられてしまったのである。

ならば、一度消し去られてしまった歴史を元に戻すことは可能なのだろうか。そして天皇の正体を探るヒントはどこかに隠されているのだろうか。

ここで指摘しておきたいのは、次の一点だ。すなわち、持統天皇と以後の天皇は密かに「得体の知れない何か」に怯え続けていくのである。

この「事実」から『日本書紀』によって抹殺された闇の深さを知ることができるし、隠されてしまった真実を知りたくなるのである。

そこでこの章の最後に、持統天皇と歴代天皇の不思議な行動に注目したい。

孫の文武天皇に譲位して太上天皇となった持統天皇は最晩年、不可解な行動をとっている。

『続日本紀』大宝二年（七〇二）八月八日条に、次の記事が載る。

倭建命の墓に震す。使を遣して祭らしむ。

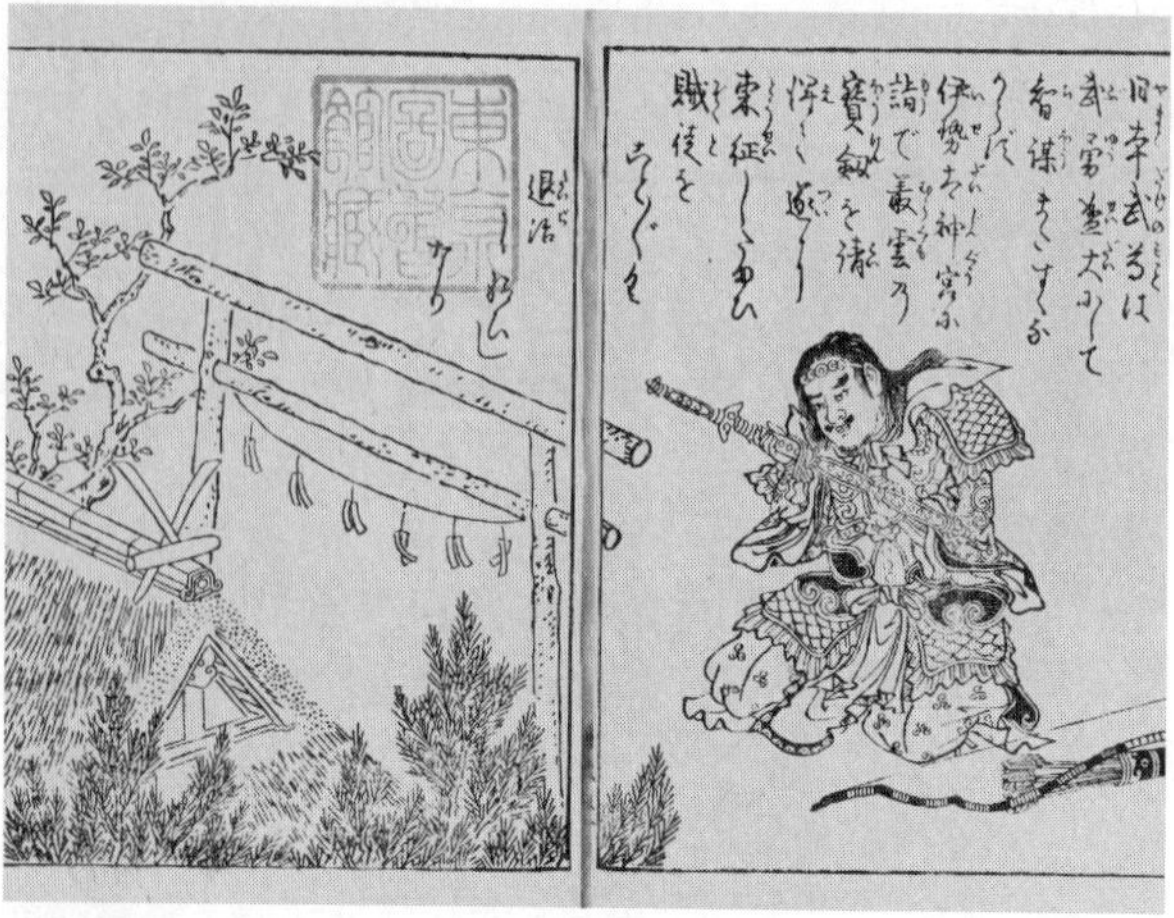

ヤマトタケル
※『絵本武者考鑑』より（国立国会図書館デジタルコレクション）

ヤマトタケルの陵墓が鳴動したという。地鳴りだろうか、あるいは落雷があったのか、はっきりとしない。ただ、朝廷は恐れて使いを派遣し、祀らせた。

けれども、これだけで騒動は収まらなかった。持統太上天皇は同年十月十日、三河国に行幸に出て、尾張、美濃、伊勢、伊賀をめぐり、十一月二十五日に都に戻ってくる。

問題は二つある。まず第一に、持統太上天皇の行幸先がヤマトタケルゆかりの地であったことだ。ヤマトタケルは尾張に草薙剣を預けたまま伊吹山に登り、神の毒気にあたって衰弱し、能煩野（三重県亀山市と鈴鹿(か)市の一帯）でヤマト帰還(きかん)を夢見ながら亡くなったのである。

第二に、行幸直後の十二月十三日に持統太上天皇は病(やまい)の床(とこ)に臥(ふ)し、二十二日に崩御していることだ。最晩年、老骨に鞭(むち)打って東国(とうごく)行幸を強行したことが分かる。それはなぜかといえば、ヤマトタケルの祟りが恐ろしくてしかたなかったからだろう。

「いやいや、ヤマトタケルなど神話の域を出ていないし、後世の作り話だろうから、恐ろしいはずがない」

と思われるかもしれない。しかしヤマトタケルに関していえば、持統太上天皇のみならず、歴代天皇も恐れ続けている。歴代天皇の葬儀に際し、必ずヤマトタケルの死を悼(いた)む歌を歌い続けてきたことが、それを証明している。ここに大きな謎が隠されている。

ヤマトタケルの活躍は神話と見なされている。しかし天皇家はなぜかヤマトタケルを恐れ続けたのだ。持統太上天皇のあわてぶりを無視するわけにはいかない。持統太上天皇は藤原不比等とコンビを組んで政変を起こし政敵を倒し、歴史改竄を行なった。そしてヤマトタケルという「神のような鬼のような英雄」を創作し、その一方で「ヤマトタケルのモデルとなった実在の誰か」を恐れに恐れたのである。

ヤマトタケルはわれわれが想像するような古代史の英雄ではない。兄を厠(かわや)で殺して屍(しかばね)をバラバラにしているし、巨人なのに女装して童女になってクマソタケルを油断させ、お尻から剣を突き刺し、内臓をぐちょぐちょにしている。そうかと思えば、悲劇のヒーローにもなっている。東国に行けと命じられれば、「父は私に死ねと言っているのだろうか」と嘆き、人が変わったように（英雄となって）活躍をした。伊吹山の神の毒気に当たって、ヤマト帰郷を願いつつも亡くなっていく。前半生は鬼、後半生は神なのだ。ヤマトタケルは鏡で映した二面性を秘めた英雄なのである。

詳述は避けるが、ヤマトタケルのモデルとなった人物は、ヤマト黎明期の東海地方出身で、西征(せいせい)に狩り出され、うまく利用された挙げ句、捨てられている（拙著『神武東征とヤマト建国の謎』ＰＨＰ文庫）。だから、ヤマト政権はヤマトタケルが恐ろしくてしかたないのだ。ヤマトを恨む鬼が、ヤマトタケルである。

ヤマトタケルも聖徳太子も「鬼」と見なされていた

天皇家は何かを隠している。

もうひとつ、天皇家の不思議な慣習を紹介しておこう。

京都・太秦の広隆寺（蜂岡寺。京都市右京区）といえば、弥勒菩薩半跏思惟像（宝冠弥勒）で有名だ。国宝だから広隆寺の本尊と思われがちだが、そうではない。上宮王院太子殿（本堂）の聖徳太子三十三歳像が広隆寺の本尊だ。問題は、歴代天皇が即位式などの重要な儀礼に用いた装束（黄櫨染御袍）を、この太子像に贈り続けてきたことにある。今、太子像が着ている装束は今上天皇から下賜されたものである。

それにしてもなぜ、このような慣習が続いているのだろう。

聖徳太子は摂政で皇太子だった。もし長生きをしていれば即位できただろう。しかし、五十歳に至らず志半ばで、病没している。その点、悲劇的といえば悲劇的だが、のちの天皇がみずからの即位にはばかりを感じ、「聖徳太子にも即位していただく」かのような行動をとる必要はどこにあったのだろう。このような慣習を今日まで続けてきたところに謎の深さがある。

謎めくのは、広隆寺の聖徳太子三十三歳像だけではない。聖徳太子そのものが不可解だ。

『日本書紀』は「聖徳太子は産まれ落ちたときから聖者の風格があった」と絶賛す

る。成人してからも超人のような活躍を見せ、神がかった行動も見られる。ところがその一方で、『日本書紀』は聖徳太子を「鬼」と見なしていた気配がある。

用明二年（五八七）七月、排仏派と崇仏派の対立はついに武力衝突に発展した。崇仏派の蘇我馬子は排仏派の物部守屋の館を囲み攻撃したが、なかなか崩すことはできなかった。するとこれを見守っていた聖徳太子は霊木（白膠木）を切って四天王像を彫り、髪をたぐり上げ、戦勝を祈願した。すると、物部守屋の軍は総崩れとなった。

『日本書紀』はこのときの聖徳太子の髪型が「束髪於額」だったと特記している。これは童子の髪型だ。また、物部守屋の「もの」は「鬼」を表す言葉なのだから、この説話は、童子（聖徳太子）による鬼（物部氏）退治にほかならない。『日本書紀』編者は聖徳太子とヤマトタケルを同類と見なし、恐れていたのではあるまいか。

法隆寺（奈良県生駒郡斑鳩町）や聖徳太子にまつわる寺にも謎がある。童子の聖徳太子像（孝養像）が無数に存在するのだ。

また、法隆寺の金石文（金堂釈迦三尊像銘）は聖徳太子の母の名を「鬼前太后」と記す。本当は「神前」なのになぜか「神」と「鬼」をすり替えているのだ。

もちろん、古代人にとって「神と鬼は鏡に映した表と裏」なのだが、『日本書紀』

が編纂されたころから「善＝神」「悪＝鬼」という差別化が進んでいく。「神＝鬼」という原則は変質していき、次第に「鬼」は蔑まれる者に零落していく。そして、ただ単に祟る恐ろしい存在と見なされていく。また、奈良時代末から平安時代にかけて、御霊信仰の高まりとともに「怨霊」と「鬼」は重なってしまったのだ。

だから『日本書紀』が聖徳太子を鬼と見なし、各地の寺で聖徳太子を童子（鬼）の格好で祀っていることに違和感を覚える。まして「神前」でよいのにわざわざ「鬼前」に言い換える必要がどこにあるのだろう。これは「聖徳太子は鬼だった」ことを意地悪く「暗示」していたにちがいないのである。

なぜこのようなところにこだわったかというと、「天皇」と「鬼」の正体を明らかにするには、『日本書紀』の覆い隠した古代史の謎をきれいさっぱり払拭する必要があるからだ。そして、それは不可能ではない。

次章でいよいよ、具体的な古代史の解明を進めていこう。

第三章　藤原氏に「鬼」にされた人々

暴走する天皇の出現

独裁体制を敷いた天皇

女帝の持統天皇と藤原不比等が日本の古代史を分かりにくくした犯人だった。そして不思議なことに「持統天皇と藤原不比等の時代」の直前と直後、なぜか独裁権力を握った天皇が現れている。天皇は強大な権力を握り、暴走したのだ。実は、ここに「天皇の本質」を探るための大きなヒントが隠されていたのである。

なぜ突然、天皇は独裁に走ったのか、その猪突する天皇たちの間に、持統天皇と藤原不比等の時代があったのは偶然なのか、あるいは必然だったのか——。

まず持統天皇の夫・天武天皇は、古代最大の内乱・壬申の乱（六七二）を制し、都を近江から飛鳥に戻すと諸豪族を排し、皇族だけで政権を運営する極端な独裁体制を敷いた。これが「皇親政治」だ。

天武天皇崩御ののち、藤原不比等が大抜擢され急速に台頭し、やがて右大臣に就任する。そして石上（物部）麻呂も左大臣に登用されたから、天武天皇の時代のような皇親体制は次第に変形していく。貴族層（豪族）が復権していったのだ。

ところが藤原不比等亡きあと、それまでおとなしかった聖武天皇が豹変する。強権を発動し、貴族の筆頭・藤原氏を抑え込んでいくのである。

聖武天皇の母は藤原不比等の娘の宮子で、正妃も同じく藤原不比等の娘の光明子だ。聖武天皇は藤原氏のために生まれてきたような天皇だった。ところが、ある時期を境に豹変する。

「反藤原派」の橘諸兄（葛城王）や玄昉法師、吉備真備らを重用した。藤原広嗣（藤原宇合の子）が玄昉法師らの排斥を求めて九州で反乱を起こすと、聖武天皇は平城京を捨て関東行幸に出立してしまう。天平十二年（七四〇）十月二十六日のことだ。ちなみに「関東」とは現在の関東地方の意味ではなく、不破関（岐阜県不破郡関ヶ原町）や鈴鹿関（三重県亀山市）から東を指している。

「朕（私＝聖武天皇）は思うところがあってしばらく関東へ行幸しようと思う。時期が悪いとはいえ、やむを得ないのである。将軍（藤原広嗣征伐軍）はこれを聞いて驚いたり怪しんだりしないようにしてほしい」

こうして聖武天皇は、伊賀、伊勢、美濃、不破、近江をめぐり、山背国の恭仁京（京都府木津川市）に入り、都と定め、さらに紫香楽宮（滋賀県甲賀市）や難波宮（大阪市）を転々とし、平城京に戻ってくるのは、天平十七年（七四五）五月と、足かけ五年にわたる彷徨を繰り広げた。

この間、聖武天皇は無謀ともいえるプロジェクトを立ち上げている。『続日本紀』天平十五年（七四三）冬十月十五日条の大仏発願の詔の中で、聖武天皇は次のように述べる。

夫れ、天下の富を有つは朕なり。天下の勢を有つは朕なり。この富と勢とを以てこの尊き像を造らむ。

「天下の富と権力を持っているのは朕（私）だ。その富と権力を使い、大仏を造ろうと思う」という傲慢な発言によって東大寺（奈良市雑司町）の大仏（盧舎那仏）造立は始まったのである。

「奴を王に」と言い放った称徳天皇

聖武天皇だけではない。娘・孝謙天皇（第四六代。七六四年に重祚して第四八代称徳天皇）も暴走している。

道鏡擁立の野望、宇佐八幡宮神託事件（七六九）はよくご存知だろう。強大な権力を握っていた恵美押勝（藤原仲麻呂）を滅ぼして即位した称徳天皇は、皇族の血を引かない道鏡を寵愛し、即位させようとした。

道鏡は禅行を積み、梵文（サンスクリット語）に通じていた。学僧として頭角を現すと、看病禅師として宮中に招き入れられた。天平宝字五年（七六一）十月、保良宮（滋賀県大津市国分）で四十四歳の孝謙太上天皇を看病したのがすべての始まりだった。天平神護元年（七六五）、道鏡は律令の規定にない「太政大臣禅師」という役職を与えられた。太政大臣と同じ権限をもたされたわけだから実質的な権力者になった。翌年には「法王」に押し上げられ、天皇に準ずる存在となった。

称徳天皇は、宇佐八幡宮（大分県宇佐市）の祭神・八幡神がもたらした「道鏡をして皇位につかしめれば、天下太平ならむ」という神託を利用して道鏡の即位を画策した。しかし、神託の真相を確認すべく宇佐に派遣された和気清麻呂(わけのきよまろ)の活躍によって称徳天皇の目論見(もくろみ)は崩れ去った。和気清麻呂は失脚を覚悟のうえで「道鏡ではなく、天皇家の末裔(まつえい)を立てよ」という神託を持ち帰った。

称徳天皇の暴走は独身女帝のご乱心なのだろうか。称徳天皇は、それまでに完成していた「秩序」そのものを破壊したかったのではないかと思える節(ふし)がある。たとえば「天皇を奴（奴婢(ぬひ)）と呼ぼうとも奴を天皇にしようとも、朕（私）の勝手だ」と発言している。天皇と奴婢という天と地の差のある地位の人間をすり替えても私の勝手であると、父・聖武天皇から言質(げんち)をとってあるというのだ。

この言葉は、恵美押勝が擁立していた淳仁(じゅんにん)天皇（第四七代、在位七五八～七六四）を皇位から引きずり下ろすときに発せられているから、本当に聖武天皇が称徳天皇に語っていたかどうか証拠はない。ただし称徳天皇は実際にそれまでの身分秩序を無視し、破壊しようとしていた気配がある。

古代豪族は「臣(おみ)」「連(むらじ)」「朝臣(あそみ)」「君(きみ)」「直(あたい)」などの称号（姓(かばね)）を下賜(かし)され、序列を形成していた。ところが称徳天皇は身分の低い者に高い位の姓を濫発(らんぱつ)したのだ。

なぜ聖武天皇は「藤原の子」だったのに藤原氏に反旗を翻(ひるがえ)し、「富と権力を独占しているのは私だ」と宣言し、巨大プロジェクトを立ち上げたのだろう。そして、なぜ娘の称徳天皇は、統治システムを崩壊させるような行動を繰り広げたのだろう。

これはたまただったのか、あるいは理由があったのだろうか。なぜ持統天皇と藤原不比等の時代の直後に暴走する天皇が現れたのだろう。

中央集権国家の基礎となる難事業「律令整備」

持統天皇と藤原不比等の時代は「制度史の大転換期」にあたっていた。律令制度が導入されたのだ。藤原不比等こそ、律令整備の立役者だった。つまり、暴走する天皇は、律令整備と深くかかわっていた可能性がある。そしてここに、謎を解く鍵が隠されている。

大宝元年（七〇一）、長年の悲願だった律令制度は整備された。これが大宝律令である。

「律令」とは明文法で、刑法（律）と行政法（令）からなる。これに税制度や土地制度が組み込まれていた。

すでに五世紀後半から、ヤマトは流動化するアジア情勢に翻弄され、中央集権国家の建設が急がれていたのだ。六世紀末の段階でも、隋の皇帝に笑われるような、旧態依然とした統治システム（ヒメヒコ制）が守られていた。聖徳太子は一念発起し、まず仏教を隆盛させることによって社会の変革を目指したようだ。その後、紆余曲折をへて、ようやく八世紀の初頭に律令制度は整えられた。

教科書をとおり一遍読んだだけでは、「律令制度の導入によって先進的な法治国家が誕生した」という感想を持たれるだけだろう。しかし、律令整備がいかに難事業であったか、われわれは想像力を膨らませ気づく必要がある。

弥生時代の日本列島では、それぞれの地域ごとに首長（王）がいて縄張りを守り、あるいは領土の拡張に励んでいた。ヤマト建国後、それぞれの首長層はヤマトの「ゆるやかな連合体」に組み込まれていくが、彼らは土地と民を私有し、支配していた。古墳時代の豪族たちの力の源泉は、この土地と民であった。

ところが律令制度は、私地私民（土地と民の私有）を禁じ、全国の戸籍を作り、民に公平に土地を分配し、そこから上がってくる収穫の一部を天皇（国家）が吸い上げ、民に労役と兵役を課すシステムであった。したがって、原則として豪族たちが所持していた土地と民は手放さなければならなくなる。

もちろん、差し出した土地の大小によって与えられる役職は考慮されたろうが、原則として地位や役職は世襲ができなくなる。そうなると、豪族（貴族や官人・郡司ら）たちは朝廷から下される「人事」に一喜一憂せねばならない。

ヤマト建国来、「ヤマトの王を担ぎ上げ、支えてきたのはわれわれなのだ」と信じていた豪族たちにすれば、律令制度の完成は立場の転換を意味していたのかもしれない。中央集権国家を望まない勢力も存在しただろう。

当然、律令制度の導入には多くの反発が沸き起こっただろう。丸裸にされる豪族たちの間に恐怖心が高まり、不満が蓄積されていったことは想像に難くない。

たとえば大化元年（六四五）九月、孝徳天皇（第三六代、在位六四五～六五四）は各地に使者を遣わし民の数を調べ、次のような詔を発している。

「古くから天皇の代ごとに名代（皇族が所有する王や宮の名を負った農民、部民）の民を置いて、後世に名を伝えた。ところが豪族たちはそれを勝手に使役し、土地を私物化して、争いが絶えることがなかった。（中略）強い者だけがいい思いをし、弱い者は土地を失った。民はいまだに貧しいというのに、権力のある者が土地を広げ、民に貸して搾取している。これからは許さない」

これを聞いた百姓たちは大いに喜んだという。だが、乱舞する者もいれば、既得権益を奪われて反発する者が現れるのが、世の常というものだ。豪族たちの不満は鬱積していったにちがいない。

ところが『日本書紀』は「蘇我本宗家を滅亡に追い込んだら、すんなり律令制度は整った」と説明している。つまり、抜本的な制度改革に抵抗したのは蘇我氏だけだったと言っていることになる。これが乙巳の変（六四五）と大化改新（六四六）である。

ならば、他の豪族たちは中央政府が推し進める改革事業に賛同していたとでもいうのだろうか。そんなことはあり得ないだろう。問題はなぜ「蘇我氏だけが反発し、他の勢力は蘇我氏の滅亡を歓迎した」というイメージを『日本書紀』が構築したのか、ということであり、この謎を解かないかぎり、「時代の節目とその前後」の本当の歴史を解き明かすことはできないはずである。

つまり、暴走する天皇の謎を解く鍵のひとつを握っているのは蘇我氏なのである。

天皇家のために働いた蘇我氏

乙巳の変で蘇我本宗家が滅んだ直後に、大化改新が断行されたと『日本書紀』はいう。このとき『日本書紀』のいうような形で律令制度が一気に整備されたかというと、大いに疑問視されている。現実に律令制度が整うのは、大宝律令の完成を待たねばならない。大化改新は律令体制の完成ではなく、律令整備の一里塚と考えたほうが分かりやすい。ようやく、はじめの一歩が歩み出されたのだった。小さな一歩だが、確実な一歩だった。

　問題は、この最初の一歩をあたかも完成のように記録した『日本書紀』の思惑ではなかろうか。それは「蘇我氏が改革の邪魔立てをしていた」と言いたいがためではなかろうか。はっきり言っているわけではないが、「蘇我氏がいなくなったら一気に改革が進んだ」というのが『日本書紀』の主張なのだ。だから誰もが「蘇我氏は反動勢力」と信じていたのだ。

　けれども近年、「蘇我氏見直し論」が徐々に広がりつつある。蘇我入鹿暗殺現場で中大兄皇子（のちの天智天皇）は「蘇我入鹿が天皇家を蔑ろにし、王家を乗っ取ろうとしている」と訴えている。しかし蘇我氏は王家の「外戚」になることで実権を握っていたのだから、彼らが玉座を狙う理由はなかった、とする考えも提出されている。

六世紀初頭に第二六代継体天皇が越（北陸）から連れてこられて以降、朝廷は少しずつ中央集権化の道を歩み続け、王家の地位の向上を考えてきた。そのひとつに「屯倉」があった。王家の直轄領を増やし、諸豪族に対し相対的な力の差をつけようという考えだ。実は蘇我氏は王家の手となり足となって屯倉を増やしていった。

これは、以下のとおり『日本書紀』に記されていたことだ。

欽明十六年（五五五）七月、蘇我稲目が人を遣わして、吉備の五つの郡に白猪屯倉を置かせた。翌年七月、稲目が備前の児島郡（岡山県岡山市と倉敷市、玉野市）に遣わされ、屯倉を置いた。（中略）同年十月、稲目は倭国の高市郡（奈良県高市郡）に遣わされ、屯倉を置き、紀国（和歌山県）にも屯倉を置いた。（中略）敏達三年（五七四）十月、蘇我馬子は吉備に遣わされ、白猪屯倉を増やした……。

このように蘇我稲目・馬子親子の代に、蘇我氏が天皇家のために獅子奮迅の働きをしていたことが分かる。これほど屯倉にまつわる活躍を記録されているのは、蘇我氏だけだ。蘇我氏が専横を繰り広げたという話は、蘇我蝦夷・入鹿親子の代になってからなのだ。

皇極天皇にまとわりつく「鬼」の気配

蘇我本宗家滅亡計画は中臣鎌足が発起人となり、中大兄皇子がこれに賛同して加わった。中臣鎌足の子が藤原不比等で、『日本書紀』編纂時の最高権力者なのだから『日本書紀』は中臣鎌足を悪く書くはずがない。また、中臣鎌足の正義を証明する動機が備わっていた。だから蘇我氏を悪く書くのが当たり前だった。とすれば、そうやすやすと乙巳の変と大化改新をめぐる『日本書紀』の記事を信じるわけにはいかないではないか。

乙巳の変（六四五）ののち、蘇我入鹿暗殺を目撃した斉明天皇（第三七代、在位六五五～六六一。第三五代皇極天皇が重祚）の周辺に不気味な「鬼」がまとわりついたと『日本書紀』は記録するが、平安時代後期に書かれた歴史書『扶桑略記』は「その鬼は豊浦大臣」と証言している。物部系の『先代旧事本紀』によれば、豊浦大臣は蘇我入鹿のことだという。

蘇我入鹿が祟って出たとすれば（あるいは周囲がそう信じていたのなら）、正義は蘇我入鹿の側にあったのであって、のちに菅原道真が罪なくして大宰府に左遷され、死後祟って出たと信じられていたことに通じる。菅原道真は改革派であり、志半ばで藤原氏に邪険にされ捨てられ、しかも手柄を横取りされている。蘇我入鹿の場合も、これと同じことが起きていたのではあるまいか。

蘇我の改革路線を引き継いだ孝徳天皇

蘇我本宗家滅亡後、暗殺劇の功労者・中大兄皇子は即位せず、叔父の軽皇子（皇極天皇の弟）が即位した。これが第三六代孝徳天皇だが、孝徳朝の重臣の多くは「親蘇我派」だった。『日本書紀』を読むかぎり孝徳天皇と蘇我氏の間に血のつながりはほとんどないが、死後葬られたのは、蘇我系皇族が眠る磯長谷（大阪府南河内郡太子町、河南町、羽曳野市）だった。

孝徳天皇は即位後、難波遷都を急ぎ、難波長柄豊碕宮（大阪市中央区）の造営をはじめる。『日本書紀』には、このとき老人たちが、次のように語り合ったとある。

すなわち「春から夏にかけてネズミが難波に向かって移動していたのは、遷都の前兆だったのだ」というのだ。

春から夏というのは、蘇我入鹿存命中のことだ。難波遷都は蘇我入鹿の時代にすでに確定済みだった事実を抹殺したうえで、このような「お伽話」を用意して真相を誤魔化したのだろう。難波宮はのちの都城のお手本となるような宮であり、律令体制を築くうえでの最初の一歩だった。つまり孝徳天皇は蘇我入鹿の敷いたレールの上を走ったに過ぎないのではあるまいか。

孝徳天皇は蘇我本宗家の政策を継承していたと指摘した学者がいる。それが、門脇禎二である（『「大化改新」史論　下巻』思文閣出版）。論拠はおおよそ次のようなものだ。

中臣鎌足
※『前賢故実』より（国立国会図書館デジタルコレクション）

（1）蘇我入鹿の上宮王家（山背大兄王一族）襲撃の軍勢の中に軽皇子（孝徳天皇）が混じっていたという話がある。

（2）中大兄皇子と中臣鎌足は蘇我入鹿暗殺の直前、南淵請安のもとで学んだが、孝徳天皇はブレーンに蘇我入鹿も師事した旻法師を選んだ。

（3）上宮王家滅亡事件では蘇我入鹿の配下で活躍した人たちが、孝徳朝で重用されている。

（4）白雉年間（六五〇～六五四）の治政は蘇我氏全盛期によく似ている。

結果、蘇我本宗家は滅亡したが、孝徳天皇の政治路線は蘇我本宗家の「展開線上」にあるという。そのとおりであろう。蘇我氏こそ「改革派」であり、中大兄皇子と中臣鎌足は「反動勢力」だったのだ。藤原不比等は『日本書紀』の中で必死に、事実を正反対にするためのトリックを駆使したにちがいないのである。

「親蘇我派」と「反蘇我派」という視点

骨肉の争いを演じた天智と天武

七世紀から八世紀の歴史は「親蘇我派」と「反蘇我派」の派閥に色分けして見つめ直すと実にスムーズに説明ができる。これまで律令制度と天皇の本当の関係が見えてこなかったのは「蘇我氏に対する偏見＝『日本書紀』の主張をそのまま受け入れていたということ」が邪魔をしていたからなのである。

もっとも分かりやすいのは、中大兄皇子（第三八代天智天皇）と大海人皇子（おおあまのみこ）（第四〇代天武天皇）の同母兄弟であろう。

中大兄皇子と大海人皇子は、舒明（じょめい）天皇（第三四代、在位六二九～六四一）と、皇后（こうごう）の皇極天皇の間の子だ。ふたりの関係には、多くの謎がある。最初の不思議は、蘇我入鹿暗殺の密議の中で大海人皇子の名が一度も挙がらなかったことだ。

中大兄皇子と中臣鎌足は一人でも多くの仲間がほしいからと、蘇我倉山田石川麻呂の取り込みを画策した。蘇我倉山田石川麻呂の娘を中大兄皇子が娶り、そのうえで暗殺計画を明かした。

蘇我倉山田石川麻呂は蘇我入鹿の従兄弟で、蘇我入鹿に暗殺計画が漏れる危険があった。それにもかかわらず、中大兄皇子と中臣鎌足は蘇我倉山田石川麻呂に賭けたというのが、『日本書紀』の説明だ。

しかし、それならなぜ中大兄皇子は真っ先に「弟に相談しよう」「弟を仲間に入れよう」と言わなかったのだろう。なぜ大海人皇子は蚊帳の外に置かれていたのだろう。兄弟仲が悪かったとしか思えない。

ややあって天智七年（六六八）、中大兄皇子は近江の大津宮（滋賀県大津市）で即位し、天智天皇となる。大海人皇子を皇太子に据えるが、とある酒宴で天智天皇と大海人皇子は口論となった。大海人皇子は槍を床に突き刺し、天智天皇は大海人皇子を殺そうとし、中臣鎌足が仲を取り持ったという。

天智十年（六七一）十二月に天智天皇が崩御。翌年、近江の大友皇子（天智天皇の子）と、吉野に難を逃れていた大海人皇子は、皇位をめぐって争いを起こす。これが壬申の乱で、東国に逃れた大海人皇子が反撃に転じ圧勝した。こうして大海人皇子は都を飛鳥に戻し、即位する。天武天皇の誕生である。

ところが、さらにどんでん返しが待っている。第二章で述べたように、天武天皇崩御ののち、皇太子だった草壁皇子（くさかべのみこ）が亡くなり、先帝の皇后の立場で草壁皇子の母が即位した。これが持統天皇だ。

問題は、持統天皇が天智天皇の娘だったことである。

天智天皇（反蘇我派）と天武天皇（親蘇我派）が犬猿の仲だったと仮定すれば、持統天皇の即位は驚天動地（きょうてんどうち）の異常事態だったであろう。しかも持統天皇がみずからを天照大神（あまてらすおおみかみ）になぞらえた本当の理由は、天智天皇の娘である持統天皇から新たな王家が始まることを宣言するためである。

このときに詠（よ）んだのが例の天香具山（あまのかぐやま）の歌だ。

　　春過ぎて夏来（きた）るらし白栲（しろたへ）の衣（ころも）乾（ほ）したり天の香具山

前述したように、梅澤恵美子（うめざわえみこ）は、この歌に詠まれた白栲とは「天の羽衣（はごろも）」であり、「豊受大神（とようけのおおかみ）（親蘇我派）は天の羽衣を干して沐浴（もくよく）している。あの羽衣を奪えば天下は転がり込んでくる」と喝破（かっぱ）した。

男系の天武天皇の王家がこのあと続いていくが、観念上は天照大神の新王朝（しかもそれは持統天皇、天智系の王家でもある）に入れ替わっていたのである。

天武系の王統は聖武天皇（第四五代）、称徳天皇（第四八代）で途切れ、藤原氏は天智天皇の孫の光仁天皇（第四九代、在位七七〇〜七八一）を擁立した。桓武天皇（第五〇代）の父親だ。そしてこののち、天智系の王家が今日まで続いていく。つまりは、天智天皇と天武天皇の二つの系統の王家が主導権争いを演じていたことを意味する。

歴代天皇の菩提を弔う泉涌寺（京都市東山区）では、天智天皇と光仁天皇に挟まれた天武系王家を無視して菩提を弔っていない。天智系と天武系の確執は重く長い歴史を引きずっているのだ。

不仲の理由は大海人皇子への嫉妬

そうなってくると、天智天皇と天武天皇の兄弟がなぜ骨肉の争いを演じていくのか、その理由を知りたくなるところだ。原因は簡単なことだと思う。

乙巳の変の直前、実権を握っていたのは蘇我本宗家だった。その様子を「天皇家を蔑ろにしている」と評価しているのは『日本書紀』であって、蘇我全盛期に擁立された女帝の皇極天皇にしても、「親蘇我派」と考えたほうが自然である。事実、皇極天皇の弟の孝徳天皇は蘇我系皇族が眠る磯長谷に葬られ、「親蘇我派」だった可能性が高い（既述）。

皇極天皇は蘇我氏と疎遠に見える舒明天皇（第三四代）に嫁いでいるが、それ以前に高向王と結ばれて漢皇子を産んでいた。高向王は用明天皇（第三一代、在位五八五～五八七）の孫か子で、用明天皇は蘇我系の皇族だ。そして「高向」も「漢」も、どちらも蘇我氏と非常に縁の深い名で、そのことから皇極天皇と蘇我氏の強い関係性を見出すことができる。

蘇我入鹿暗殺現場で皇極天皇は狼狽え、息子・中大兄皇子の凶行を叱責している。その後、重祚して斉明天皇となった皇極天皇の身辺に、「鬼」となった蘇我入鹿がまとわりついたのは、形のうえでは皇極天皇が蘇我入鹿を裏切ったことになるからだろう。しかし、皇極天皇は「親蘇我派」だったと考えると多くの謎が解けてくる。

問題はここからだ。

皇極天皇と弟の孝徳天皇、どちらも「親蘇我派」とすれば、「なぜ皇極天皇の息子の中大兄皇子が蘇我入鹿を殺す必要があったのか」という謎が芽生える。すぐに出てくるのは「蘇我氏が中大兄皇子を煙たく思っていた」という答えである。要するに「皇位継承候補は中大兄皇子ではなく、大海人皇子だった」と仮定してみれば、「蘇我入鹿を殺そう」と中大兄皇子が大海人皇子に相談しなかったのは、むしろ当然のこととなる。

すなわち蘇我入鹿が大海人皇子に期待していたから、中大兄皇子は大海人皇子を妬み、即位を阻むために蘇我入鹿を殺す、という短絡的な行動に走ったのだろう。

もちろん、そそのかしたのは中臣鎌足であった。中大兄皇子はのちに即位すると、蘇我氏の地盤から遠く離れた近江に都を遷す。それはなぜかといえば、蘇我入鹿暗殺の遺恨が残っている飛鳥の地では危なっかしくて政権を維持していくことはできないと考えたからだろう。

天智天皇崩御後の壬申の乱に際し、蘇我氏や蘇我系豪族はこぞって大海人皇子を後押ししている。天武天皇擁立にもっとも貢献したのは「親蘇我派」だった。だからこそ大海人皇子は乱を制すと、都を近江から蘇我氏の地盤である飛鳥に戻している。

中大兄皇子は民衆に嫌われていた

中大兄皇子や中臣鎌足は、『日本書紀』や通説がいうように、改革事業をするために蘇我入鹿を殺したのではない。皇位継承問題を優位に進めるために凶行に走ったのだ。しかし、中大兄皇子の目論見は頓挫した。むしろ彼は孤立したのだろう。『日本書紀』をよく読めば、乙巳の変ののちの孝徳朝で、中大兄皇子と中臣鎌足の活躍の場がほとんどなかったことに気づかされるはずだ。中臣鎌足は「内臣になった」と『日本書紀』はいうが、「内臣」などという役職は律令制度ができたあと令外の官であって、この時代に存在したかどうかも定かではない。

第一、内臣は「天皇を補佐する役職」だろうに、中臣鎌足は中大兄皇子にべったりで、即位後の孝徳天皇とは一度も接触した様子がない。実に怪しいではないか。くどいようだが、改革事業を推し進めていたのは、これまでの常識とは真逆で、蘇我氏だったのだ。そして、蘇我氏の遺業を継承したのが孝徳天皇であった。ところが中大兄皇子と中臣鎌足は、孝徳朝で要人暗殺を繰り返し、主だったものを葬り去ると孝徳天皇に飛鳥遷都を進言する。拒否されると、多くの役人や家族を連れて勝手に飛鳥に移ってしまった。孝徳天皇は難波長柄豊碕宮で孤独な最期を迎えたのだった。

おそらく中大兄皇子らは、改革事業に不満をため込んだ豪族たちを抱き込み、孝徳天皇を揺さぶったのだろう。

孝徳天皇が憤死すると、中大兄皇子は母をもう一度皇位につけた。これが斉明天皇だ。それはなぜかといえば、蘇我の残党たちも反発しにくくなると読んだからだろう。そうしておいて実権を握った中大兄皇子は、一度滅亡した百済を復興するために力を注いでいった。

なぜここで百済なのかというと、第二章ですでに述べたように、中臣鎌足は人質として来日していた百済の王子・豊璋（余豊）であると、筆者は見ている。中臣鎌足が蘇我入鹿暗殺を中大兄皇子に持ちかけたのは、蘇我氏が新羅に近く、百済に冷淡だったからだろう。中臣鎌足（豊璋）は中大兄皇子をうまく操り、百済救援戦に日本を引きずり込んでいったのである。

結果、白村江の戦（六六三）に大敗北を喫し、日本は滅亡の危機を迎える。唐と新羅の連合軍が戦勝の勢いそのままに日本列島に押し寄せていたら、ひとたまりもなかっただろう。中大兄皇子は百済遺民とともに、それこそ死に物狂いで西日本各地に山城を築いていく。ただし中大兄皇子には悪運があって、唐と新羅はまず高句麗を滅ぼす策を取り、それに成功すると今度は新羅が唐に反旗を翻し、唐は倭国と手を結ぼうと使節団を送り込んできた。

天智七年（六六八）、即位した天智天皇（中大兄皇子）は改革事業には興味を持っていなかったようだ。いったん定めた改革の決まりを緩め、豪族に歩み寄っている。無謀な遠征に失敗し、妥協せざるを得なかったというのが一般的な見方だが、天智天皇は改革潰しばかり繰り返してきた人物だ。

もはや「古代史の英雄・中大兄皇子」という常識は通用しない。『日本書紀』を読み直せば、この人物が人びとから煙たがられていたことが分かる。

時代は戻るが、先代の斉明天皇は無謀な土木工事を行ない、「造るそばから壊れるだろう」「狂心の渠」と罵られた。だが人びとの非難の矛先は、斉明天皇を「傀儡」にして実権を握っていた中大兄皇子に向けられていたのだろう。百済救援など「負けるに決まっている」と、人びとは認識してもいたのだ。

さらに斉明天皇崩御後、中大兄皇子は即位せずに「称制」したが天智六年（六六七）三月、都を近江に移す場面では、天下の百姓は遷都を願わず、遠回しに諫める者が多かった。世情を諷刺する童謡も多く、日夜失火が絶えず、不穏な空気さえ流れていたようである。柿本人麻呂も「何を考えていらっしゃるのか」と、歌の中（『万葉集』）で謗り、額田王も三輪山と離れる悲しさを表現することで、遷都を非難している。

どう考えても、天智天皇は古代史の英雄ではないし、人気はなかったのだ。

ここではっきりしたことは、親蘇我派の天武天皇（大海人皇子）は「改革派」で、反蘇我派の天智天皇（中大兄皇子）は「反動勢力」だったということだ。そして、蘇我氏期待の星が大海人皇子だったからこそ、中大兄皇子はヘソを曲げ、無謀な行動に出たのだろう。

しかし、ふたりの確執がその後の天皇家の歴史に暗い影を落としていくのである。

なぜ天武天皇は独裁体制を敷いたのか

古代史の常識が覆ったところで、次のステップに進もう。

すでに述べたように、天武天皇は即位すると皇族だけで朝堂を牛耳る「皇親政治」を展開した。かつてない独裁体制だ。いったい天武天皇は何を考えていたのだろう。

天武天皇が蘇我氏の遺志を継承し、律令制度を築くために全身全霊を注ぎ込んだと考えれば、その意味が分かってくる。

こういうことだろう。天武天皇の叔父・孝徳天皇は蘇我系の豪族を重用し、「合議」によって律令整備を進めた気配がある。事実、『日本書紀』には豪族たち（律令整備後の貴族層）が孝徳天皇を支えたと記されている。しかし、中大兄皇子と中臣鎌足の妨害工作もあって、道半ばで改革事業は頓挫したのだった。

なぜ孝徳天皇の事業は失敗したのか。それは、リーダーシップをとる人間がいなかったからではなかったか——。

いや、各自の土地と民をいったん天皇に預け、それを再分配する場合、それまでの因習（いんしゅう）に従い、豪族同士がルールづくりをし、人事を話し合っても利害が対立し、まとまるものもまとまらなかっただろう。憎しみ合い、足を引っ張り合い、争いになるに決まっていたのだ。改革を断行する場合、誰もが認める調停者、独裁的権力を握った存在が絶対不可欠だったのだ。その点、天武天皇は蘇我氏の信任を得ている。壬申の乱で圧倒的な勝利を得たのだから、うってつけだったのだ。

つまり皇親政治とは、律令体制がスタートするまでの暫定（ざんてい）的な独裁体制だったと考えれば、納得できる。そして律令が徐々に整備されていくとともに貴族たちが政権の中枢に抜擢されていった理由もこれで氷解する。

これは憶測だが、天武天皇が皇親政治を断行するに際し、壬申の乱で支えてくれた豪族たちに対し、「律令が整った暁には実権はすべて返上する」と約束していたと思うのだ。律令に天皇に関するはっきりとした規定はないが、太政官が実質的な権力を握るように設計されていることはまちがいなく、それはなぜかといえば、天武天皇と豪族たちの間にかわされた約束があったからだろう。

けれども、ここで大きな誤算が生じる。それは、天武天皇の早すぎる死であった。すなわち、偉大な仲裁者が道半ばで世を去ったことによって、律令整備は思わぬ方向に進んでいってしまう。つまりここで持統天皇が即位し、中臣鎌足の子・藤原不比等を大抜擢してしまうのだ。これは当時の人びとにとっても、われわれ日本人にとっても悲劇的な事態だった。

ちなみに日本最古の漢詩集『懐風藻』には、中臣鎌足が大海人皇子（天武天皇）を「大悪人」と認識していたことが記録されている。大友皇子（天智天皇の子）から皇位を奪う極悪人だというのだ。中臣鎌足は大友皇子の即位を熱望していたのであり、「親蘇我派」の大海人皇子は天敵であった。だから天武天皇亡きあと、中臣鎌足の子（藤原不比等）が、天智天皇の娘の持統天皇とともに「復活」したことは、大どんでん返しといえるほどの大事件だったのである。

律令制度を利用してのし上がった藤原氏

藤原不比等の周到な目論見

ここで、ひとつの疑問が湧き上がる。

中大兄皇子（天智天皇）と中臣鎌足にとって律令整備など、どうでもよかったはずなのだ。中大兄皇子は玉座を欲し、中臣鎌足は百済救援のために蘇我入鹿を殺した。ならばなぜ、天智天皇の娘・持統天皇と、中臣鎌足の子・藤原不比等は、このあと律令整備に奔走していくのだろう。

もちろん、ひとつには「天武天皇の遺志を継承するために」というのが持統天皇即位の大義名分だったからだろう。そしてもうひとつは藤原不比等の事情である。

私見が正しければ、藤原不比等は「中臣鎌足＝豊璋」の子で、白村江の戦で祖国を失った。日本に土地も財もない渡来人である藤原不比等が、日本で生き抜くためにはどうすればよいのだろう。

実は、律令整備の進行していたこの時代こそ、藤原不比等にとって千年に一度のチャンスだったのだ。なぜなら、それまで土地と民を私有し絶大な権力を握っていた豪族たちが丸裸になって、天皇の下す人事によってのみ、役職と俸給を獲得することになる。

もともと無一文だった藤原不比等も周囲の豪族と同じラインに立つことができる（ハンディがないわけではないが）。しかも藤原不比等は最初、律令を整備する役人となっていく。法というものは作っただけですべてが滑り出すわけではない。罪を犯した人間が「法の網」に引っかかるのか引っかからないのか、罪になるとしたらどのくらいの罰則を下すべきなのか、法を解釈しなければならない。だから、「法の番人」になった藤原不比等は周囲から恐れられる存在になっていっただろう。

また藤原不比等は、日本的な統治システムの伝統をそのまま活用しようと目論んだ気配がある。すなわち後宮を支配して徐々に自家の女人を送り込み天皇に入内させ、産まれ落ちた子を即位させることで外戚になろうと考えた。

そこで藤原不比等は、持統天皇の孫である文武天皇（草壁皇子の子）に娘の宮子をあてがい、産まれ落ちた首皇子（のちの聖武天皇）にも娘の光明子を嫁がせ、

「藤原の子」、つまり「傀儡」にする算段だった。藤原不比等の死後、聖武天皇は即位し、藤原氏ははじめて外戚の地位を獲得したのだ。

法と天皇を支配することによって藤原氏は盤石な体制を整えていく。そして藤原氏に逆らう者はことごとく排斥されていった。皇族といえども例外ではない。聖武天皇の子・安積親王が藤原仲麻呂（のちの恵美押勝）に殺されたことはほぼ通説も認めている。これから話す長屋王（天武天皇の孫）も、藤原氏の陰謀で一家滅亡に追い込まれた。

藤原氏に楯突く者は容赦なく葬り去られたのだ。それができたのは藤原氏が「法の番人」だったからで、平安時代になると朝堂はほぼ藤原氏だけで席巻されてしまうことになるのである。

藤原不比等は律令整備が自家繁栄のまたとないチャンスと考え、大いに利用したのだろう。

皇親体制から太政官制へ

中臣鎌足の登場から藤原不比等、その四人の子（武智麻呂、房前、宇合、麻呂）、そして恵美押勝（武智麻呂の子・仲麻呂）に至るまでの歴史を改めて俯瞰すると、罪もない者たちが次々となぎ倒されていったことが分かる。罪がなく、しかも優秀な人物ほど狙われた。

有間皇子（孝徳天皇の子）、大津皇子（天武天皇の子）、弓削皇子（天武天皇の子）、長屋王、安積親王らは、おそらく藤原氏の陰謀によって抹殺された人たちだ。激動の朝鮮半島出身の藤原氏にとって、島国育ちの日本の皇族や貴族は「お人好し」に見えたであろう。藤原氏は「一度没落すれば二度と這い上がることはできない」という恐怖心も手伝って非情な手段に打って出たのだろう。一連の悲劇は、皇親政治から律令整備、皇親制度解消に至る、どさくさの中で起きた。

そして律令制下の「天皇の本質」を知るために、ここで何が起きていたのかを見極めておく必要がある。皇親政治から律令制度への過渡期に「天皇」はどのように性格を変えていったのだろう。

大きな流れでいえば、以下のようになる。七世紀後半に天武天皇が独裁権力を握り、律令制度を一気に完成させようと猪突した。けれども志半ばで崩御すると、持統天皇と藤原不比等が主導権を握ってしまった。持統天皇は、我が子・草壁皇子の代わりに孫の珂瑠皇子（のちの文武天皇）を即位させたいという一心で藤原不比等を頼ったのだろう。

ただし、藤原不比等はしばらく黒子的存在だったようだ。持統朝を主導していたのは、天武天皇の子で太政大臣に任命されていた高市皇子だった。

天武天皇は左・右大臣を任命しなかったが、持統四年（六九〇）には高市皇子が太政大臣に、多治比嶋が右大臣に任ぜられた。多治比嶋は第二八代宣化天皇の四世孫で、八色の姓では最高位の「真人」を下賜されていた。皇親政治は、この段階でもまだ健在である。

持統十年（六九六）に高市皇子は急死し、持統天皇の孫の珂瑠皇子が立太子。このとき、皇位継承問題をめぐる会議が開かれ、紛糾したようだが『日本書紀』は記録していない。かろうじて『懐風藻』が会議の模様を書き残している。

翌年、持統天皇は譲位し、文武天皇が誕生した。文武四年（七〇〇）、多治比嶋は左大臣に、翌年三月、阿倍御主人が右大臣に抜擢されると、七月に多治比嶋が亡くなる。

大宝元年（七〇一）に、大宝律令が完成。大宝二年（七〇二）、持統太上天皇が崩御。大宝三年（七〇三）に阿倍御主人が亡くなる。そしてこの年から天平十七年（七四五）に至るまで太政大臣に代わり、令外の官である知太政官事（太政官の長官）が置かれた。刑部親王、穂積親王、舎人親王、鈴鹿王ら天武天皇の子や孫が任命され、その任にあたった。また、聖武天皇が即位した神亀元年（七二四）には、長屋王（高市皇子の子）が左大臣に任命されている。

皇族が太政官を監督支配しているのだから、皇族の力がいまだ衰えていなかったかのような印象を受ける。皇親政治が継続されているようにも思えるが、彼らは名誉職と考えたほうがよさそうだ。もちろん、皇親体制は続いていたという考えも根強いものがあるし、可能性は捨てきれないが、それよりも大切なことは、皇親体制から太政官制への移行期のすったもんだなのだ。そのことを、これからお話ししていく。

さて、慶雲元年（七〇四）に石上（物部）麻呂が右大臣に任命される。そして和銅元年（七〇八）に、石上麻呂は左大臣、右大臣に藤原不比等が登用された。ここまで来ると、皇族による権力の「独占状態」はほぼ解消されたといってもよいだろう。

この段階で石上麻呂が左大臣に昇り詰めていたのも実に象徴的だ。なぜなら、物部氏（石上氏）こそ、ヤマト建国以来、最大の豪族であり続け、日本各地に広大な領土と民を所有していたからだ。律令制度は、物部氏が納得しなければ、何も始まらなかったのである。

物部守屋と蘇我馬子の激突を『日本書紀』は仏教をめぐる争いと単純化しているが、実際は律令制度導入をめぐる、蘇我氏と巨大豪族・物部氏の中の一部の反動勢力の争いであった。けれども、物部氏の主流派は蘇我氏に同調し、改革事業の旗振り役になっている（拙著『百済観音の正体』角川ソフィア文庫）。

物部氏（石上氏）こそ律令整備最大の功労者といっても過言ではなく、だからこそ律令整備ののち、「見返り」として左大臣抜擢となったのだろう。しかしすでに触れたように、平城京遷都（七一〇）に際し、藤原不比等の陰謀にはめられ、石上麻呂は藤原京の留守居役を命じられ、旧都とともに捨てられたのである。

歴史的転換点は長屋王の死

天皇の歴史の巨大な転換点は天平元年（七二九）の長屋王の死であろう。「天皇とは何か」を考えるうえで、長屋王と藤原氏（藤原不比等の子の四兄弟）の闘争は大きな意味がある。

長屋王と藤原氏の対立の端緒は『続日本紀』神亀元年（七二四）二月六日条に載

る、次の勅である。

「勅して正一位藤原夫人を尊びて大夫人と称す」

藤原夫人とは聖武天皇の母で、藤原不比等の娘の宮子を指している。宮子の尊称を「大夫人」にするという変哲もない勅だ。ところが三月二十二日、これに長屋王が嚙みついた。大切なところなのですべて訳す。

「藤原夫人を大夫人と呼ぶようにとあったが、つつしんで法（公式令）を見ると（天皇の母の称号には『皇太后』『皇太妃』『皇太夫人』の三つがあって、上から順に皇后、皇族出身の妃、豪族出身の夫人を指して呼んでいる）、藤原夫人は皇太夫人と呼ぶべきで、勅に従えば〝皇〟の字が欠け、逆に法に従えば、〝大夫人〟と称すこと自体が違法になってしまいます。われわれはいったい勅と法のどちらを守ればよいのかご指示を仰ぎたい」

長屋王の言いたいことは単純明快だ。律令の規定（法）に従えば「大夫人」などという称号はなく、「われわれは、法と天皇の命令（勅）のどちらに従えばよいのか」と言っている。これが正論だったため勅は訂正され、「文書で記すときは『皇太夫人』とし、呼ぶときは『大御祖』とするように」となった。

　この一見して些細に見える事件が、実は日本史の大転換となる大事件なのだが、その伏線があった。

　養老四年（七二〇）、藤原不比等の死によって次席の長屋王は右大臣に昇った。左大臣不在だったから、この時点で右大臣は実質的なトップだ（のちに長屋王は左大臣に昇る）。危機感を抱いた藤原氏はここで禁じ手を使う。養老五年（七二一）、元正天皇（第四四代、在位七一五～七二四）は、藤原不比等の次男で参議に過ぎない藤原房前を、律令の規定にない「内臣」に任命する。

　元正天皇は、次のように詔している。

「家に憂いがあれば、それが大事であっても小事であっても油断ができない。だから藤原房前は内臣となって内廷と外廷にわたってはかりごとをめぐらし、天皇の命令と同等の重みを持った言葉で天皇を助け、長く国を安定させるように」

長屋王は順当に出世してきた。藤原不比等亡きあと、朝堂のトップに立つのは当然のことだった。しかし藤原氏にすれば、「反藤原派」の旗印になりつつある長屋王に思いどおりのことをさせておきたくなかったのだろう。そこで「天皇の命令」で規定にない役職をつくったのである。

長屋王は皇親政治を守りたかったのではない

ここに問題の本質が隠されている。藤原氏は、「律令と天皇」という二つの「絶対」を使い分けようとしていたのだ。律令の規則に沿って人事を進めていけば、いずれ藤原氏にとって不利な状況が現れる。そこで手なずけておいた天皇を突き動かし、天皇の命令を引き出し、政敵を煙に巻いてしまおうという魂胆である。

宮子の称号をめぐる事件も、この「内臣に抑え込まれてしまった長屋王の怒り」を想定しなければ意味が分からない。

一般に「皇太夫人事件」は、守旧派（皇親勢力）の長屋王と、改革派（皇親政治を終わらせようとする貴族勢力）の藤原氏の戦いと見なされている。「皇親勢力の既得権益をいかに奪っていくか」「天皇家の権力をいかに削ぎ取っていくか」が藤原氏の正義の戦いということになる。

しかし、真相はまったく逆ではなかろうか。長屋王は天武天皇の時代から続く、「いずれ権力は王家から豪族、貴族たちに返還する」という約束をそろそろ果たすべきではないかと思い、「早く返還しなければ、かえって禍根を残す」とさえ考えていたのではなかったか。

長屋王の主張は単純明快だ。「律令の規定と天皇の命令のどちらを優先すべきか、はっきりと決めてほしい」と言っている。これは「律令が整備されたら天皇の権力は無力化される」という前提を「もう断行しよう」と言っているのに等しい。

このあと詳しく事件のいきさつを語るが、藤原氏は最終的に長屋王が邪魔になり、一家ともども抹殺するのだが、長屋王の主張が藤原氏にとって都合が悪かったのは、「律令と天皇」という二つの「絶対」を使い分けることによって、藤原氏の独裁権力を維持しようと考えたからだろう。長屋王に痛いところを突かれたのだ。

藤原氏は、律令の規定に従って右大臣となって朝堂のトップに立った長屋王を封じ込めるために、元正天皇の人事権、命令を利用して「内臣」という禁じ手を使った。律令そのもので政敵に対抗できなければ、「天皇の命令」という伝家の宝刀を抜けばいいと藤原氏は考えた。だからこそ、このあいまいな状態を残しておくことを、長屋王は危険と判断したのだろう。

長屋王の抵抗は「皇親政治を維持したい」という私利私欲ではない。

冤罪で一家全滅に追い込まれる

天平元年（七二九）二月十日、下級役人と無位の二人の密告があった。

「左大臣正二位の長屋王は密かに左道（正しくない道）を学び、国家を倒そうと企てております」

厳戒態勢が敷かれ、長屋王の邸宅は近衛府の兵士が囲んだ。翌日、藤原武智麻呂が罪を尋問し、十二日、長屋王は自尽（自殺）させられた。妃の吉備内親王以下、一家はみな首をくくって亡くなった。助かったのは藤原系の妃とその子だけだ。

十五日、聖武天皇は勅して次のように述べた。

「長屋王はむごくねじ曲がり、暗く悪い人間であったが、その性格がそのまま現れ、悪行の限りを尽くして重い罪を犯した」

こうして密告者二人に外従五位下の官位が与えられた。破格の厚遇である。

しかし、長屋王は無実だった。天平十年（七三八）七月十日、長屋王と親しかった大伴宿禰子虫が、長屋王一家滅亡事件の密告者のひとりと碁を打っていたとき、話題が長屋王のことにおよび、腹を立てた大伴宿禰子虫が相手を斬り殺してしまったのだ。

『続日本紀』は斬り殺された人物を指して「長屋王のことを誣告した人だ」と記す。

これは重大な意味を持つ。誣告とは「偽りの報告」を意味し、朝廷が正式に長屋王一家滅亡事件は冤罪だったと認めていたことになる。そもそも「左道を学んでいた」というが、左道そのものに深い意味はないとされている。

『万葉集』にも長屋王一家滅亡事件にまつわる二首の歌が残されている。

大君の命恐み大殯の時にはあらねど雲がくります（巻三―四四一）

この歌は「死ぬべきときではなかったのに亡くなられてしまった」と嘆き、長屋王の冤罪を訴えている。

もう一首ある。

世間は空しきものとあらむとそこの照る月は満ち闕けしける（巻三―四四二）

この歌は、「世間が無情で空しいものだと教えるために、この照る月は満ち欠けすることである」と、長屋王一家滅亡事件で滅亡した膳部王（長屋王の子）を偲んだ歌だ。題詞には「膳部王を悲傷ぶる歌一首」とある。

長屋王一家滅亡事件は、「藤原氏を敵に回すとどうなるか」を世間に知らしめたのである。長屋王のかつての盟友・大伴旅人は神亀四年（七二七）に大宰帥に任命され、大宰府に赴いていたが、長屋王の悲劇を知って藤原房前に命乞いをし、都に戻された。

こうして藤原不比等の四人の子、武智麻呂、房前、宇合、麻呂は邪魔者を一掃し、「藤原氏だけが栄える時代」の到来を謳歌したのである。

「天皇」は藤原氏の「打出の小槌」的システム

長屋王一家滅亡事件が天皇の歴史を決定づけたのだ。ここは、いくら強調してもし足りないぐらいだ。これが分からなかったから天皇の正体もはっきりとしなかったのだ。

「天皇に権力はあったのか、なかったのか」

長い間議論が続いてきた。とくに律令制度が整ってからあとの天皇は権力者だったのかどうか、よく分からなかった。

すでに述べたように、律令の規定では天皇は太政官の提出した案件を追認するだけの存在だが、時として律令の規定にない命令を下し、それだけならまだしも権力を濫用し、暴走する天皇が頻繁に出現したのである。

その原因を突き詰めていくと、長屋王一家滅亡事件に行き着くのだ。すなわち、天皇は藤原氏の「傀儡」であり、藤原氏が自由自在に操り、藤原氏がピンチになれば「藤原氏にとって都合のよい天皇の命令」が発せられた。長屋王はこのあいまいな律令と天皇の関係を終わらせようとしたのである。

天皇に権力はなかったが、天皇の命令は絶対だった――。ここに天皇の秘密は隠されていたのだ。

これは、藤原氏が「律令を基本に政局を運営するのが原則だけれども、天皇の権力を完璧に奪い去らないことによって、天皇を打出の小槌として温存した」からである。

ではなぜ、暴走する天皇（院、太上天皇）が出現したのだろう。藤原氏のコントロールが利かなくなった天皇がたびたび登場したのはなぜだろう。

こののち藤原氏は天皇の外戚になることで盤石な体制を維持していくが、ひとたび、母親が藤原氏でなかったり（あるいは藤原摂関家でなかったり）、身内の藤原氏が没落したり、「藤原氏の箍」がはずれると暴走する天皇が出現していたのだ。最初の例が聖武天皇である。

藤原氏の思惑を破壊しようとした天皇

聖武天皇は「弱い王」だったのか

聖武天皇は、天平九年（七三七）、藤原四兄弟（武智麻呂、房前、宇合、麻呂）が天然痘の病魔に襲われ全員滅亡し、権力の空白が生まれると暴走をはじめている。まず、「反藤原派」の橘諸兄、玄昉法師、吉備真備らの台頭を許した。

すでに触れたように藤原広嗣（宇合の子）は聖武天皇のやり方に反発し、反藤原派の排斥を求め、九州で反乱を起こしていた。だが聖武天皇は要求を拒否し、征討軍を派遣したうえで関東行幸を敢行してしまう。

戦後の史学界は聖武天皇を「弱い王」と信じていた。たとえば、「ノイローゼ気味だった」といい、藤原氏全盛期には藤原氏の、藤原氏が没落すると反藤原派の言いなりになったと決めつける。

しかし、問題はそれほど単純ではない。

たとえば聖武天皇は大仏造立を発願し、深く仏教に帰依している。これが「藤原氏の政策」と真っ向から対立している。

まず聖武天皇が大仏造立を発願したきっかけは、天平十二年（七四〇）の河内行幸に際し、智識寺（大阪府柏原市）を訪れ、感動してしまったからだ。

智識寺の「智識」は「善知識＝人びとに仏の道を説き広め、信仰を勧める人」のことだ。智識寺は有志を募り、金を集め、労力を提供し合う庶民の寺だった。

聖武天皇は、先述した大仏発願の詔の中で「天下の富と権力を持っているのは朕（私）だ。その富と権力を使い、大仏を造る」と宣言していた。傲慢な態度だが、これには続きがあったのだ。

「（私の富と権力を使えば）事を成すのは簡単だろう。しかしそれでは、造仏の理念にそぐわない。だからといって無闇に人を使役し苦労させては、神聖な意味を理解してもらえないだろう」

このあと聖武天皇は「ひとりひとりが小さな力（一枝の草、ひとつかみの土）を持ち寄って大仏を造ることに意味がある」と言い放った。そして「役人たちは百姓を酷使してはならない」と忠告しているのである。

反「律令体制」勢力とも手を組んだ聖武天皇

　聖武天皇が生半可な気持ちで「理想論」を述べていたわけではなかったことは、思いきった人事からもはっきりする。優婆塞（男性の在家仏教信者）や乞食坊主たちを束ねていた僧・行基を大抜擢し、仏教界のトップに立てたのだ。

　この時代、重税や労役に辟易し、故郷を捨て放浪する者があとを絶たなかった。そして税から免れるために正式な許可を得ずに得度してしまう者が続出した。これが優婆塞で、行基は彼らを救済するための事業として慶雲元年（七〇四）ごろから各地に橋をかけ、堤や道路を造り、布施屋を設けて人びとの便宜を図った。

　藤原不比等や藤原四兄弟が実権を握っていた時代、優婆塞や行基は、朝廷から弾圧を受けていた。多いときには一万人、少ないときでも数千人いて、徒党を組んで人びとを幻惑しているという。平城京の東側の山に集まり、妖言を吐いて人びとを惑わし、深く法（律令の規定）に違反しているというのだ。

　優婆塞の数が増えればそれだけ税収が減り、律令社会の基盤が崩壊しかねないから、これは当然のことだった。

ところが聖武天皇は、律令体制の敵ともいえる行基や優婆塞たちと手を組み、東大寺の大仏造立に邁進したのである。

聖武天皇の大仏造立は、藤原氏に対する反発の象徴に思えてくる。

なぜ聖武天皇は仏教に固執したのか

そもそも聖武天皇が「仏教に固執した」こと自体、不可解なのだ。

天平勝宝元年（七四九）夏四月一日、聖武天皇は陸奥国（東北地方）から黄金が産出された報告を受け、東大寺に赴き感謝の言葉を盧舎那仏に向かって発している。このとき聖武天皇は、三宝の奴（仏弟子）と宣言し、しかもつねに南面していなければならない天皇が北面し、盧舎那仏に頭を垂れた。江戸時代の国学者・本居宣長は、この聖武天皇の行動を「あまりにもあさましく悲しいことだ」と嘆いたほどだ。

正史『日本書紀』が編纂され、「天皇は神の末裔」という神話がしっかりと構築された。そして律令制度に神祇祭祀（神道）が組み込まれ、天皇の権威と国家の秩序は神祇祭祀によって裏づけられてきたわけである。

税制も神祇祭祀抜きには考えられなかった。律令制度が導入される以前の日本の太古の税は「神祀（まつ）り」と深くかかわっていたし、律令制度が整ったのちも徴税（ちょうぜい）の正当化に神祀りが利用された。

たとえば折口信夫（おりくちしのぶ）は、神を祀ることの原義について、次のように述べている。

> まつると言ふ語の意味は、最古くは、遡（さかのぼ）り得る限度に於（お）ては、「ものを奉（たてまつ）る」「献上する」と言ふ語に違ひない。（『折口信夫全集　第十五巻　民族學篇1』中公文庫）

すなわち、神に物を差し上げる儀式「奉る」ことこそ、祀りにほかならないのであり、献上する様が「祭り」なのだという。ではなぜ、神に物を奉るのかといえば、献上品は神がその霊力を発揮する道具に過ぎないという。神に霊力を発揮していただくために、人びとは神に物を奉ったということになる。

『日本書紀』崇神（すじん）十二年秋九月十六日条には、次の一節がある。

> はじめて戸籍を作り、また課役（かえき）を科した。これを、男の弭調（ゆはずのみつき）（男性が従事する狩猟にまつわる租税）、女の手末調（たなすえのみつき）（女性が従事する絹、布などの租税）という。これをもって天神地祇（てんじんちぎ）は和（なご）み、天候は安定し、種種（しゅじゅ）の穀物は熟し、家々は豊かになっ

て、人びとは満ちたり、天下太平となった。そこで、この天皇を讃(たた)えてハックニシラススメラミコト（はじめてこの国を治めた人、御肇国天皇）と申し上げた。

すでに述べたように、第一〇代崇神天皇は実在のヤマトの初代王と目(もく)されている。黎明期(れいめいき)のヤマト政権が津々浦々(つつうらうら)の民を掌握(しょうあく)し戸籍を作ったとはにわかに信じられないが、税の原型をこの文面から知ることができる。祟る神を和らげるために物を捧(ささ)げようと、民に呼びかけたのだろう。

日本の税は神への捧げものが起源

ちなみに中国の税は日本とはまったく異なる発想で徴収された。中国は「天」の思想を重視し、天下のすべての物、土地や人、虫や草、ありとあらゆるものは「天子(てんし)の所有物」と考えられていた。天子の恩沢(おんたく)によって人びとの暮らしは成り立っていた。となれば天子に恩返しをしなければならない。それが税と労役、兵役などの根拠であった。

日本の調庸(ちょうよう)制や租税制が神への捧げ物が起源だったことは、石母田正(いしもだしょう)がすでに

> 指摘していた。
> 贄またはミツギの原型は、宣長が稲の貢納や田租も本来はミツギの内と指摘したように（古事記伝二三）、初穂と同じく、首長または主権者にたいして、その支配領域内の土地・河川・山林を用益する民戸が、その帰属関係を確認する宗教的儀礼的慣行にその起源をもつとみられるのである。（『日本の古代国家』岩波書店）

また、大津透は次のように述べている。

> より重要な特色は、調庸の貢納が、古代律令国家祭祀を支えていることである。そもそも租税の徴収自体が国家による民衆支配そのものであるから、それが国家祭祀に組みこまれていることは、国家支配あるいは古代天皇制の正統性がどこから生まれてきたかを考える手がかりとなるだろう。（『古代の天皇制』岩波書店）

この指摘は重要な意味を持っている。農耕祭祀は収穫に対する感謝と予祝で、秋に穫れた収穫物を神に捧げる。それは小さな村落の祭りであったろうし、その土地の神に捧げていたのが原初の姿だろう。次に、収穫の一部を土地の首長がミツキ（調）・ニヘ（贄）・ソ（租）として徴収し、初穂として神に捧げ、祭祀を行ない、さらに大きな地域の首長が祭祀権をまとめ上げ、それを今度はヤマトの王が統合していったと、大津透は指摘している。すなわちヤマトの王は、神とつながり神を祀ることによって、民から貢納物を集めるための祭司王（さいしおう）だろう。

つまりヤマト黎明期の王に強大な権力は与えられなかったとしても、祭司王には「神と国家のために税を集める」という役割が担（にな）わされていたわけである。

もちろんこのような慣習と信仰と伝統が、律令税体系、神祇体系に継承されていたことはまちがいない。

そうなってくると、聖武天皇のしでかしたことは神道軽視（それも問題かもしれないが）などというレベルの問題ではなく、国家のあり方そのものを根底から覆す大問題だったことが分かる。

鬼（祟る神）となった長屋王

すでに何度も言ってきたように、聖武天皇の母は藤原不比等の娘の宮子、正妃も同じく藤原不比等の娘の光明子だから、聖武天皇はれっきとした「藤原の子」だ。ところが聖武天皇は、糸の切れた凧になってしまったのである。

「藤原の子」として生を享けた聖武天皇がなぜ、「藤原氏が構築した藤原氏のための律令制度」を破壊するかのような行動に出たのだろう。

理由は二つあると思う。

まず第一に、天平九年（七三七）の藤原四兄弟の滅亡が挙げられる。権力の空白が生まれただけではない。精神的に巨大なダメージを聖武天皇に与えたはずなのだ。

第二章で述べたように藤原四兄弟は天然痘の病魔に襲われ、あっという間に全員死亡した。長屋王を追い詰めて一家が滅んでから八年後の悪夢である。

正史『続日本紀』には何も記されていないが、長屋王は祟って出たと信じられたようだ。長屋王の死後、天変地異や飢饉が続いた。天平六年（七三四）には大地震があり、さらに翌年からは天然痘が流行したのだ。

『日本霊異記』には「祟る長屋王」の様子が記される。それはそうだろう。罪もない長屋王を「藤原氏の邪魔になった」というだけの理由で一家もろとも滅ぼしてしまったのだ。長屋王が恨みを抱いて亡くなったと想像することは当然だった。しかも、我が世の春を謳歌していた藤原四兄弟がいっぺんに亡くなったのである。当時、天然痘は、行疫神(ぎょうやくじん)や祟り神がもたらす災禍(さいか)と思われていた。

法隆寺は藤原氏が抹殺した人々を祀る場所

このころから、聖武天皇の正妃である光明子ら藤原系の人びとは斑鳩(いかるが)の法隆寺(ほうりゅうじ)を重視し、盛んに祀りはじめる。それはなぜかといえば、第四章で述べるが『日本書紀』は蘇我氏を大悪人に仕立て上げるために大掛かりなトリックを仕込み、法隆寺を「蘇我の正体を抹殺するための寺」にしてしまったからだ。そして長屋王も「親蘇我派の皇族」であり、しかも「藤原氏の魔の手で悲劇的な最期を遂げた人物」として法隆寺に祀られた可能性が高い。

律令制度の導入に積極的だった蘇我氏の遺志を天武天皇が継承し、これを藤原氏が「藤原氏だけが栄える統治システム」に入れ替えてしまった。それに対し、天武天皇の孫の長屋王は「未来に禍根を残すから、皇親政治はすみやかにやめるべきだ」と考えていたにもかかわらず、藤原氏は「律令と天皇」という二枚看板を残すために長屋王を抹殺した。その結果、長屋王は祟り、「親蘇我派」の悲劇的な最期を遂げた皇族を十把一絡(じっぱひとから)げにして、法隆寺に祀り上げたということだろう。「祀る」

というよりも「祟りを封印した」と言ったほうが正確かもしれない。法隆寺のシンボル的な存在である東院伽藍（夢殿）の聖徳太子等身仏・救世観音は、白い布にぐるぐる巻きにされ、秘仏として厨子の中に封印されていた。梅原猛は、聖徳太子の祟りを封じ込める目的があったと指摘し、史学者に笑殺されたが的外れなことを言っているわけではない。

祟る長屋王は法隆寺に封印されたが、長屋王殺しの当事者だった聖武天皇は、藤原四兄弟の突然の死を前にして震え上がったにちがいない。さらに、藤原氏のこれまでのやり方に対する懐疑の念が生まれたのだろう。聖武天皇が「反藤原派」の天皇に豹変した理由のひとつが、ここにある。

そして法隆寺にもっとも気を配ったのが、正妃の光明子とその母・県犬養（橘）三千代であった。ここに真実が隠されている。

なぜ光明子は聖武天皇を母に引き合わせたのか

史学者はとかく男性の活躍のみを追いがちだ。系図にしても男系がほとんどで、「誰が母親だったのか」に関してあまりにも無頓着だ。

しかし女性の地位が高かった時代は、われわれが想像する以上に長く続いたのだ。とくに古代の女性の地位は非常に高かった。ここを見落とすと「天皇と鬼」の真相に迫ることはできない。

まず注目しておきたいのは、聖武天皇の正妃・光明子だ。

光明子が「藤原の女人」であることは誰もが認める。光明子が臨書した（書き写した）『楽毅論』（中国・魏の時代の文書）の男勝りの署名、しかも「藤三娘」と記され、「藤原の女人」であることが強調されている。当然、藤原不比等の娘として聖武天皇を操り続け、藤原氏発展の基礎を築いた女性と評価されている。

しかし、腑に落ちないことはいくつもある。

聖武天皇は河内の智識寺を見て「私もああいう寺を建ててみたい」と考え、大仏発願へとつながっていく。このとき聖武天皇の背中を押したのは光明子であった。すでに触れたように、優婆塞と僧・行基の抜擢は「藤原体制に対する抵抗」と読み取ることも可能だ。なぜ光明子は聖武天皇を引き留めず、あろうことか「やってみなさい」と、けしかけたのだろう。

もうひとつ、不思議なことがある。それは、聖武天皇と、その実母でありながら藤原家に幽閉されていた宮子を、光明子が引き合わせていることだ。

宮子は、首皇子（聖武天皇）を産み落とした直後から精神を患ったため、藤原不比等の邸宅に幽閉され、息子と引き離された。藤原不比等と藤原四兄弟が亡くなったあと、聖武天皇は皇后宮（藤原不比等の館を光明子が引き継いだ）で母に再会する。天平九年（七三七）十二月二十七日、宮子は皇后宮で玄昉法師の看病を受け、慧然と開悟した（一瞬で正気に戻った）という。そして、たまたま皇后宮を訪れていた聖武天皇と、三十数年ぶりの再会を果たしたというのである。

そもそもなぜ宮子は精神を病み、幽閉されていたのだろう。一瞬で病気は治ったというが、これは本当だろうか。

宮子は葛城（奈良盆地の西南部）の賀茂氏の血を引いている。葛城は伝統的に反骨の土地だから、藤原氏にすれば油断のならない氏族だ。もし仮に宮子が息子・首皇子（聖武天皇）に、藤原氏が言うことと真逆の「ヤマトの本当の歴史」を吹き込んでしまえば、「藤原の子」として純粋培養ができないと判断し、藤原不比等は宮子を自宅に閉じ込めてしまったのではなかろうか。

腹違いの姉・宮子の悲劇を間近で見聞きしていた光明子は「藤原四兄弟の箍」がはずれる瞬間を待ち望んでいたかのように宮子を解放し、聖武天皇に「真実」を告げたのだ。

「藤原の子」として純粋培養されてきた聖武天皇にとって、天と地がひっくり返るほどの衝撃だっただろう。ならばなぜ光明子は、一族の汚点を聖武天皇の前にさらけ出してしまったのだろう。聖武天皇が「藤原の子」でなくなってしまう可能性があったし、事実ここから聖武天皇は暴走し藤原氏と闘っていくことになるのである。

これまで語られることのなかった光明子の別の顔――。その真相を知るためには、光明子の実母・県犬養三千代の悲劇を知らなければならない。

聖武天皇を支えた県犬養三千代と二人の子

藤原不比等は天皇の外戚になるために多くの労力を費やしている。まず、後宮(江戸時代でいえば大奥)を思いどおりに動かす術を探ったようだ。自分の娘を皇太子や天皇に嫁がせ、産まれ落ちた子を即位させるためだ。そのために、後宮の実力者を味方につけなければならない。お眼鏡にかなったのが県犬養三千代である。

県犬養三千代はすでに美努王(三野王)と結ばれ、天武十三年(六八四)に葛城王(のちの橘諸兄)を産んでいた。美努王は第三〇代敏達天皇の後裔で、壬申の乱(六七二)に際し大海人皇子に荷担し、天武朝で重用された。しかし持統八年(六九四）九月、美努王が筑紫大宰率に任命され、単身赴任している間に藤原不比等は、美努王の妻・県犬養三千代を寝取ってしまったのだ。

義江明子は『県犬養橘三千代』（吉川弘文館）の中で、県犬養三千代は二人の男性を天秤にかけて、才覚で優れた藤原不比等をとったと指摘し、杉本苑子は『歴史を彩る女たち』（新塔社）の中で、県犬養三千代を「奸悪」な女、「肚ぐろい野心を内に秘め」「すじ金入りのしたたか者」と酷評している。

しかし、どうにも腑に落ちない。

藤原不比等の、残忍で目的のためなら手段を選ばない性格を、県犬養三千代は熟知していて、夫や子の命を守るためにしぶしぶ藤原不比等に従った振りをしていたのではなかろうか。

そう思う理由はいくつかある。法隆寺の名宝・橘夫人厨子には、県犬養三千代の念持仏とされる阿弥陀如来が祀られる。その無垢で穢れのない表情を見るたびに、スキャンダルにまみれ、酷評されるような女性だったのだろうかと、つい首をひねりたくなるのだ。仏像には持ち主の品格が如実に表れると思う。

県犬養三千代は「橘」の姓を下賜され、のちに息子の葛城王は臣籍降下するに際し、母の「橘」の姓を名乗るようになる（橘諸兄）。もし母・県犬養三千代が杉本苑子が言うような大悪人で計算高く、父・美努王を裏切ったのなら、葛城王は意地でも「橘」は名乗らなかっただろう。そうではなく、葛城王が母の苦悩をよく知っていたからこそ「橘」の名を継いだのだろう。

藤原四兄弟滅亡後、聖武天皇は橘諸兄と光明子に支えられていく。すなわち、県犬養三千代の二人の子供たちが聖武天皇のブレーンであった。そして聖武天皇は台頭してきた藤原仲麻呂（のちの恵美押勝）と闘い、大仏造立によって藤原氏が構築した「藤原氏だけが栄える統治システム」を破壊しようと目論んだのだ。

つまり県犬養三千代は藤原不比等を許していなかったのだ。その思いが娘の光明子と息子の橘諸兄にはしっかりと伝わっていたのだろう。藤原不比等と藤原四兄弟が全滅して、県犬養三千代の本心を知っていた光明子と橘諸兄は、聖武天皇に「改革派＝親蘇我派の天武天皇の末裔」としての自覚を持たせたにちがいない。

長屋王も聖武天皇も反藤原氏＝「鬼」

こうして「藤原の子」でありながら「反藤原の天皇＝聖武天皇」が出現したのだ。藤原氏から見れば、聖武天皇は「暴走する手のつけられない天皇」であった。

しかし、このような「化け物天皇」が現れた責任は藤原氏自身にあったのだ。

律令制度の原則は「天皇に権力は渡さない」「実権を握っているのは太政官」だった。しかし、藤原氏は「天皇の命令は絶対」という建て前を現実の政治に利用し、政敵を葬ってきたのだった。ところが、この藤原が残した「あいまいな天皇」という機関が政治の混乱をもたらすこととなる。「藤原氏の箍」がはずれると、天皇は権力を振りかざし暴君となり果てるのである。

最初の例が聖武天皇、次に娘の称徳天皇が藤原氏と対立し暴走した。そして平安時代後期になると、「院＝太上天皇」が独裁権力を握るようになる。

これら天皇の暴走をそれぞれの現象だけを見て、何が起きていたのかを判断することはむずかしい。しかし、「藤原氏と天皇の葛藤（かっとう）」、藤原氏が恣意的（しいてき）に残してしまった「天皇の権力」という問題がはっきりと分かれば、なぜ天皇は暴走したのか、本来、祭司王であった天皇がなぜ強大な権力を握ったのか、その理由がはっきりとする。

長屋王が藤原氏に勝っていれば、このようなことは起きなかっただろう。歴史にはいくつもの節目があるが、長屋王の死は、蘇我入鹿暗殺と並ぶ、日本の歴史が暗転する最大のエポックだったのかもしれない。

第四章 「鬼」の物語に潜む真相

天皇と鬼のつながり

日本人にとって天皇とは「神」で「鬼」だった

ヤマト建国時の王（大王、天皇）は祭司王であった。神を祀り、民から神への貢物を集めることで国家を維持する柱になった。次第に中央集権国家づくりが求められ、七世紀から八世紀にかけて紆余曲折をへて律令国家が誕生した。

ところが藤原氏の「自家だけが栄えればそれでよい」というエゴによって、天皇権力は中途半端なまま維持されたのだった。そのため藤原氏が衰退したり、あるいは、たまたま母親が皇族だったりしたときに天皇は豹変し独裁者になった。

まず聖武天皇や称徳天皇が暴れ、平安時代後期には「院政」が敷かれた。まるで「藤原氏（摂関家）の支配」から解放されたことを楽しんでいるかのように、院（太上天皇）は暴走したのである。

そこで浮かび上がってくる疑問がある。祭司王のままでいたなら弱い王だから潰(つぶ)されることはなかったと捉えることも可能だが、時には暴走し、時には強大を権力を握ったのだとすれば、なぜその都度、潰されなかったのだろう。

ひとつの仮説はすぐ出てくる。

天皇は本質的に「神」のような存在だと、日本人は信じていたのだ。

もちろん、ただ単純に「神聖(しんせい)で不可侵な存在」と言いたいのではない。「神は鬼」であり、「神は大自然そのもの」だったからこそ、人びとは天皇に畏敬(いけい)の念を抱(いだ)き続けてきたのではないかと思える。仮に強大な権力を手に入れようとも、やはり天皇は「神」であり、天皇は「鬼」に見えたであろう。暴走する天皇、強権を発動する院（太上天皇）は「祟(たた)りを振りまく恐ろしい神」、つまり「鬼」以外の何ものでもない。

ただその一方で、「天皇と鬼のつながり」にも注目しておかなければならない。

たとえば網野善彦(あみのよしひこ)は、なぜ天皇が永続したのか、その理由を、漂泊する非農耕民や差別される社会の底辺の人びとが支えたからではないかと推理している（『無縁・公界・楽』平凡社ライブラリー）。

律令制度のもとでは、与えられた土地を耕し税を納める者たちを「良民(りょうみん)」と呼んだ。これに対し、土地を手放し遍歴し私的隷属を嫌った芸能民、勧進（寺社のために寄付を集める者）、遊女、鋳物師、木地師、薬売りなどの工人、職人、商工民は、律令社会の枠からはみ出た者たちと見なされ、差別されていった。

問題は、彼らが天皇と強くつながっていたことだ。彼らは本来、天皇の食事や生活の品を貢納する供御人たちだった。彼らは神社や天皇に供御（飲食物など）を献上する代わりに通行の自由、税、諸役の免除といった特権を勝ち取っていく。

一般社会、律令社会と縁を切った人びとは「無縁」と呼ばれ、彼らは律令規定の拘束を受けず、罪と罰を免れ、税を取られない存在として、人間ではなく「鬼」と見なされた。この点、天皇と無縁の人びとはよく似た境遇に立っていたことが分かる。

藤原氏の表の政権に対し、天皇と非農耕民は裏でつながり、闇の世界を形成することで俗権力から身を守った、というのが網野善彦の考えだ。

斬新なアイディアだが、もちろん反論も出た。今谷明は、天皇はすぐれて政治的な存在ゆえ、民俗学や文化人類学的な発想で「天皇永続の謎」を解き明かすことはできない、と指摘した。そして具体例を挙げている。

室町幕府三代将軍・足利義満は王権簒奪の野望を抱いたといい、それでもなぜ王家は乗っ取られなかったのかというと、夢半ばで義満が急死してしまったこと、義満の皇位簒奪計画に幕府の宿老(しゅくろう)たち要人が批判的だったことも大きな理由のひとつだと指摘した（『室町の王権』中公新書）。すなわち、天皇は室町政治史の力関係の中でたまたま運よく潰されなかったに過ぎないといい、天皇は無縁の人びとに守られたという網野善彦の考えを否定しているのである。

なぜ天皇は潰されなかったのか。なぜ日本では天皇に代わる王が現れなかったのか——。議論は尽きることはない。

しかし「天皇は神」と考えれば、天皇が日本の王であり続けることが、むしろ当然のことのように思えてくる。「神は鬼」であり、「鬼は大自然の猛威」そのものだった。日本人は神や鬼を崇(あが)め、無意識のうちに天皇を神聖視してきたのだろう。

海の外から見れば、日本人は変わることのない不思議なコア（核）を持っているように見えるらしい。クリスチャンがいくら布教してもキリスト教徒が増えないのは、縄文時代以来続く民族の「三つ子の魂」が根づいているからだろう。

その点でも、日本人が天皇を守り続けてきたのはむしろ当然のことのように思えてくるのだ。

けれども、「天皇は神」という幻想は長い年月の間保持され続けたものであることはまちがいなく、なぜこのような幻想が定着していったのかは、いまだに大きな謎なのだ。この幻想が自然発生的なものではなく、何者かの作為によって徐々に植えつけられていった可能性は否定できない。

だから「なぜ天皇は続いたのか」に関して、もう少し別の視点で見つめ直しておきたいのである。

零落（れいらく）する「神事にかかわる人々」の歴史

さて、天皇を被差別民（鬼）が守ったという網野善彦の仮説は魅力的だが、いくら被差別民が天皇に奉仕しようとも、現実に室町幕府の将軍が「実力」で天皇を潰そうと思えば、赤児（あかご）の手をひねるようなものだったろう。かといって、今谷明のいうように「天皇永続の謎」のすべてを政治力学で解き明かそうとしても「たまたま千年以上もひとつの王家がつながった理由」として最適かどうか実に疑わしい。

ここでひとつはっきりさせておきたいことがある。それは差別される人たちがどのように生まれたのかということだ。

一筋縄（ひとすじなわ）ではいかない問題だ。井上清（いのうえきよし）は差別の始まりを次のように述べる。

> 日本社会に身分差別、賤民というのが出来たのは、まさに貴族の出来た時なんです。即ち古代天皇制の成立と共に、古代の身分差別が生まれ、そして中世には中世の差別がありました。そういう被差別身分を表わす「えた」という言葉も、早いものでは平安の末期から出て来ています。そして徳川時代において、被差別身分は穢多・非人という形で制度化されたわけです。もちろん今日の部落問題は、決して古代・中世の身分制の延長ではありません。しかし、「貴族あれば賤族あり」で、貴族が出来ると同時に身分差別が生まれ、その頂点に天皇が、その対極には古代には古代の、中世には中世の、江戸時代には江戸時代の、様々な名称で呼ばれるところの「賤民」が置かれていたんです。（『天皇制と部落差別』）

井上清が強調したいのは「賤民は天皇がいたから生まれた」ということである。しかしそれほど単純なことではないし、これだけで片づけてしまっては日本の歴史の真相は闇の中だ。

そこで具体的で分かりやすい例を取り上げてみよう。

差別される者の中に芸能の民がいる。彼らはもともと神事にかかわっていたが、その神聖な人びとが零落していく様子をたどってみよう。「猿楽と能の歴史」である。

猿楽（申楽）は、奈良時代に中国から伝来した古代舞楽「散楽」が日本の「神楽」に影響を与え、融合したことに始まる。

日本の神楽の始まりは「天の岩戸神話」である。『日本書紀』には「天照大神が天の岩戸に隠れ、アメノウズメが巧に俳優を作す（すなわち、神意をうかがうために踊り、滑稽な仕草をした）。そして喜び、楽しんだ」とある。世阿弥が「能楽の始まりは天の岩戸神話にある」と言っている意味がこれで分かる。

『古事記』には次のようにある。

> 天の石屋の戸の前に桶を伏せ踏みならし、神がかりして胸をはだけ、裳の紐をホト（陰部）に垂らすと、高天の原が鳴り響くほどに八百万の神々がどっと笑った……。

ここでアメノウズメは楽をしたのだ。「楽」は「音楽」の「楽」であり、歌舞音曲を指している。ここに「神楽」の起源が記されていたわけである。

アメノウズメは歌舞音曲に長け、神を祀る巫女であり、天孫降臨に際し猿田彦を誘惑した神でもある。そして猿田彦とアメノウズメの末裔が猿女君である。神楽を舞い、神を祀り、鎮魂をする巫女となって天皇に仕えた。

『古事記』に「アメノウズメが神がかりした」とあるように、神楽を舞い、神が憑依し神の言葉を伝え、人びとの立命（天命を全うすること）を祝福する呪術が「神楽」なのだった。神楽はその後、宮中で行なわれる「御神楽」と、一般に行なわれる「里神楽」に分かれていく。そして、里神楽に携わる人たちが零落し差別されていくのである。

芸能の民――漂う太古の狩猟民的信仰世界

里神楽の実態を知るうえで貴重な史料が残される。乞食者が里神楽を継承していくことになるのだが、『万葉集』に「乞食者が詠ふ二首」（巻十六―三八八五）がある。この歌がどうにも不思議なのだ。

まず題名の「乞食者」は今日では差別用語に当たる「乞食」のイメージとはまったく異なる。仏教では僧が家々を回り、門の前でお経を唱え、鉢を捧げて食べ物を乞うことを「乞食」という。また、「呪言人」も「寿ぐ人」を意味し、すなわち神の身なりをして呪言を唱え、幸を得ようとする神事を行なう。これが門付芸（門口に立って行ない金品をもらう大道芸）の原型にもなったのである。

そこで歌の内容だ。時代背景は平城京に都が置かれていた時代と思われる。非常に長いので要約してしまおう。内容は動物たちの語りである。

「親愛なるみなさま」（これだとちょっと現代風か）という呼びかけで歌は始まる。この言葉を発する主は最初は人間だが、やがて捕らえられた鹿の「私はたちどころに死ぬでしょう」という嘆きに変わっていく。けれども「私は大君に尽くします」と、けなげなことを言いはじめる。「角や耳、目、爪、毛、皮、肉、肝のことごとくを役に立ててほしい。そのうえで、この年老いた身ひとつで幾重にも花が咲くと褒めていただきたい」と結ぶ。

次の歌は蟹の嘆きだ。

「大君がお呼びだ」と難波の入り江に暮らす蟹は言う。「いったい何の用事だろう。歌舞音曲をやればよいのだろうか」そう言って明日香に向かい、さらに進み、都に参上し話をうかがうと、何のことはない。縛られ干物にされ、塩漬けにされてしまった……。

どちらも、悲惨な歌だ。動物たちに対する同情がにじみ出ている。

なぜ乞食者がこのような歌を詠ったのだろう。

折口信夫は乞食者を「巡遊伶人」とし、もっとも古い旅芸人「門付芸者」であるという。また、身振りをともなう芸を行なったから古代人に喜ばれたといい、「猿楽」が動物（サル）の名を負っているように、彼らは人間の醜態のみならず「動物の異様な動作の物まね・身ぶり」を演じたとする。

また、中臣氏が神社制度を整えたころ乞食者は零落していったと考えた。その理由は、神社の格づけが行なわれ、「ほかひ」の対象なる精霊は位づけが明らかに下がってくるからで、「ほかひ」に習熟した者や後ろ盾となる豪族（貴族）から離れ亡命し、零落した神人（神社に奉仕して特権を得た人。賤民の流れをくむ）らが、占い、祓い、呪言を述べて回り、職業化したのが古い姿だという（『折口信夫全集　第一巻　古代研究（国文學篇）』中公文庫）。

なるほどそのとおりだろう。ただ気になることがいくつかある。

まず第一に、乞食者が万葉歌の中で語っているのが「動物たちの悲劇と滑稽」であって「稲の信仰」とはかかわりがないことだ。狩猟民的な感覚であり、この二首を読んだとき真っ先に思い浮かべたのは、宮沢賢治の童話「よだかの星」である。

改めて「よだかの星」のあらすじを説明する必要もなかろう。虫を食べ、多くの命を奪ってきたことに気づき、生きることの罪深さを悟ったよだかは、夜空を飛び続け、やがて青白く燃え上がり、星になった、というお話である。

宮沢賢治は東北の生んだ天才だ。東北の人びとが抱く特有の「思い」がこの物語の中に込められているように思えてならない。

東北地方にはマタギ（狩猟を生業とする人たち）の文化が息づき、縄文時代から続く狩猟民的な「信仰形態」を色濃く残した土地なのだ。生き物を殺し、血にまみれ、肉を喰らう。けれども彼らは野蛮な人びとではなく、動物の命を「いただく」ことを、つねに感謝している人たちなのだ。その狩猟民の信仰によく似ていて「鹿や蟹になって嘆いてみせる」というやさしい試みがこの万葉歌の中に隠されているように思えてならないのである。

また一方で「戸籍」を基盤とする統治システムである律令社会の中で、非農耕民は次第に邪険に扱われていったのだろう。零落する者と里神楽はこうしてつながっていったにちがいない。また、ここでケガレ（穢れ）の問題が浮かび上がってくる。

ケガレ意識の誕生と東西の差

「差別とケガレ」は強く結びついているが、いつごろからケガレが意識されていくようになったのだろう。

平安末期の左大臣・藤原頼長の日記から行事次第を抜粋した『宇槐雑抄』に、興味深い一節がある。すなわち律令にケガレに関する記述はなく、『延喜式』（西暦九二七年に成立）から言い出したことだととれる記事だ。これが確かなら十世紀前半にケガレが意識されはじめていたことを示している。

関ヶ原を境に東西の日本に嗜好や文化の差が存在することはよく知られている。縄文人が東日本（東国）に偏在していたことが大きな理由だろう。そして、差別やケガレに関しても違いが見られる。

網野善彦は、東国に「神人・供御人制」がほとんどないことに注目した。天皇の統治権が東国におよんでいなかったから、それは当然のこととしても、職能民で神人になっている集団がいない。職能民は、西国では「神の奴婢」として強い権威を持っていたのに対し、東国では「俗人」と扱われていたのだ。網野善彦は「私はどうもこれは社会の質の違いと関わりがあるのではないかと考えます」と指摘している（共著『日本歴史の中の被差別民　部落差別発生のメカニズム』新人物文庫）。

また、網野善彦はケガレに対する東西日本の差は胞衣（胎盤）に対する接し方からもうかがい知ることができるという。それはなぜかといえば、木下忠の興味深い指摘があるからだ（『埋甕』雄山閣）。お産のあとの胞衣を、住居の入口などの人が頻繁に通る場所に埋めるのが東国で、西国では産屋の床下に深く穴を掘って埋め、あるいは遠い山に埋めたという。狩猟民族的な習俗を残した東国では、血に対するケガレの意識が低かったようなのだ。

このケガレに対する意識の差が、後世の「差別」に対する意識の差に表れた可能性は高いのである。

現代日本の東西でも差別に対する意識の差は大きい。関東で生まれ育った人間が関西で暮らして驚かされるのは、現実に差別が残っていることなのだ。

もちろん、関東にも差別はある。しかし「根の深さ」は比べものにならない。

このケガレや差別の東西の温度差と絡んで、もうひとつ無視できないのは、八世紀からあとの朝廷（要するに藤原政権）は「東」を蔑視し、敵視していくことである。

なぜ藤原政権が東国を強く意識したかというと、蘇我氏や天武天皇が東国とつながっていたことが大きな要因であろう。

余談ながら、天智天皇の娘で天武天皇の后である持統天皇や、のちの天皇家がヤマトタケルに恐怖したのは、ヤマトタケルが「東側の英雄」だったからにほかならない。

歴史の敗者たちと天皇の強いつながり

蘇我氏は、ガードマンに「東方儐従者」を用いるなど東国とつながっているが、もうひとつ興味深いのは身分の低い「巫覡」らとのつながりである。巫覡は神託を伝える者だ。「巫」は巫女、「覡」は男性のシャーマンで、民間信仰の担い手だった。

蘇我入鹿暗殺（乙巳の変、六四五）の直前、巫覡たちが道端で蘇我入鹿の危機を知らせようとしたが、うまく伝わらなかったという。

『日本書紀』の記事は以下のとおり。

皇極二年（六四三）二月、国内の巫覡らは小枝を折り、（神事に用いる）木綿をかけ垂らして、大臣（蘇我蝦夷）が橋を渡るときをうかがい、争って神託の微妙な意味合いを伝えようと述べ合った。ところが巫覡の数が多すぎて、（大臣は）すべて聞き取ることができなかった。

皇極三年（六四四）六月、巫覡が神託を述べたが、あまりにも多くの巫覡がいたので、大臣（おそらく蘇我蝦夷）は、はっきりと聞き取ることはできなかった。老人たちは「時勢が変わる兆しだ」と言った。

この記事から、蘇我氏と巫覡らはつながっていたとする説がある（中村修也著『秦氏とカモ氏』臨川選書）。そのとおりだと思う。大臣が橋を渡るときに巫覡が声をかけたという話も、巫覡たちの身分が低かったことを暗示している。また、彼らは大臣に罵声を浴びせたわけではなかった。

蘇我氏はやはり、歴史の敗者たちとつながっていたのだ。あるいは蘇我氏が敗北したため、彼らも零落したのかもしれない。

これは不思議なことなのだが、『日本書紀』が蔑視する人びとと天皇も強く結ばれている。隼人（南部九州の土着の民）や吉野国栖（吉野の土着の民）ら『日本書紀』が見下す人たちが天皇と強くつながっていたのはなぜだろう。ここに大きな謎が横たわる。

『日本書紀』は「神武東征（じんむとうせい）」の場面で、吉野の人びとには尻に尾が生えていたと表現している。その一方で、彼らは神武天皇をあたたかく迎え入れた人たちだ。

隼人や吉野国栖はいくつかの天皇の重要な儀礼に参画するが、天皇家が彼らを強圧的に支配し、従属させたわけではないだろう。天皇はむしろ彼らを心底（しんそこ）頼っていた気配がある。

たとえば政争に敗れた多くの皇族は吉野に逃れ、再起を図った。蘇我氏の血を引く古人大兄皇子（ふるひとのおおえのみこ）（舒明（じょめい）天皇の子で、天智・天武の異母兄）、大海人皇子（おおあまのみこ）（天武天皇）、後醍醐（ごだいご）天皇（第九六代、在位一三一八～三九）であり、初代神武天皇もこの中に入れてよいだろう。

ひとつ明らかなことは、『日本書紀』が「野蛮な人びと」とレッテルを貼った人びとと、蘇我氏ら「八世紀までに敗れ去った人びと」がつながっていたこと、そして天皇も同様に、敗れた側の人びととつながっていたことである。

「天皇と鬼」に隠された大きな秘密

鬼であることを誇った芸能民と秦河勝（はたのかわかつ）

用心深く見つめ直せば、差別される人びと、「鬼の烙印（らくいん）」を押されていった人たちは、八世紀以降ひとり勝ちした「藤原氏」の敵だったことに気づかされる。差別が強まっていくのは中世以降としても、その根っこには深い歴史の闇が隠されていたといえよう。

八世紀以降零落していった者の中には、もともとヤマト政権の祭祀（さいし）に深くかかわっていた「神聖な氏族」が多く含まれていた。だからこそ彼らは「祟る神＝鬼」とつながっていったのである。

そしてもうひとつ「天皇と鬼」には大きな秘密が隠されている。

ひとつの仮説を用意してみよう。それは、差別される人びとが、天皇と藤原氏の弱みを握っていたのではないか、という疑いだ。被差別民は「俗権力」と「聖なる王」を手玉にとり、密約を交わして特権を手に入れ、生き残ったのではなかったか。だからこそ、被差別民が生き残るには天皇に存続してもらう必要があった、ということになる。

何を言わんとしているのか、長くなるがひとつひとつ説明していこう。

まず最大のヒントとなるのは、第二章の終わりで触れた京都・太秦の広隆寺（蜂岡寺）の本尊・聖徳太子三十三歳像の話だ。歴代天皇は今上天皇に至るまで、この聖徳太子像に即位儀礼に用いた装束を贈り続けた。

しかしなぜ、奈良・斑鳩の法隆寺ではなく、広隆寺の聖徳太子像に即位儀礼の装束を贈り続けたのだろう。

ここに大きな秘密が隠されていたのである。

「天皇と鬼のつながり」を知るためのヒントを握っていたのは、のちに差別されていく秦河勝だったからである。

秦河勝といえば、聖徳太子の時代に活躍したことが有名だ。広隆寺を建立したのも秦河勝なのだが、中世の能楽者たちはなぜか秦河勝を「われわれの先祖」と仰ぎ、しかも「秦河勝は鬼だった」と誇らしげに告白している。

現実に、秦氏は差別されるようになっていく。だからこそ「秦氏は鬼」と考えられていたのだろうし、秦河勝を先祖と仰ぐ能楽者たちは、むしろ自分たちが鬼であることを誇りにしていたのである。

秦河勝は鬼だった。そして秦河勝の建立した広隆寺に、やはり「鬼扱い」された聖徳太子が祀られ、歴代天皇は「鬼の寺の鬼」に即位儀礼に用いた装束を贈り続けていたのだ。何から何まで秘密めいて見える。「天皇と鬼の謎」がここに交錯している気がしてならない。

秦河勝
※『前賢故実』より
（国立国会図書館デジタルコレクション）

秦氏こそ「本物の鬼」

結論を先に言ってしまえば、藤原氏に利用されるだけ利用された挙げ句に棄(す)てられた秦氏は、藤原氏を呪(のろ)い、藤原氏や天皇家の弱みを握り、政権を脅(おど)し、ゆすっていくのである。そして差別される秦氏は「脅し、ゆすり続ける」ために天皇を守り抜く必要があった。これが本当の天皇と差別される人たちの関係ではないかと、筆者は考えている。

秦氏こそ「本物の鬼」である。とても悲しい氏族なのである。それは、広隆寺の秦河勝像と目を合わせれば、すぐに了解できる。彼らの恨(うら)みは深く強い。

なぜこのような私見が生まれたのか、秦氏と広隆寺についてしばらく考えてみよう。

広隆寺といえば、ここに「秦氏がユダヤからやってきた証拠が残されている」と、まことしやかに語られている。明治四十一年（一九〇八）、東京高等師範学校の教授・佐伯好郎(さえきよしろう)は、秦氏はシルクロードの西方のユダヤから流れてきて五世紀後半に日本にたどり着いた、と推理したのだった。広隆寺の近くに秦氏の祀る大酒(おおさけ)神社（広隆寺桂宮院の鎮守社）があって、神社名の「大酒」はもともと「大辟」と書いた。「辟」に「門」をつけると「大闢」で、これは中国では「ダビデ」を意味するというのだ。また、旧境内の蚕ノ社（木嶋坐天照御魂神社）の不思議な三柱鳥居の存在からも、秦氏はユダヤ系と見るのである。どういうことかというと、三柱鳥居を上から見れば正三角形で、これを二つ重ねれば「六芒星＝ダビデの星」になるというのだ。

　また歴史愛好家の中には、上宮王院太子殿（本堂）に奉納された額に「五芒星」が刻まれていることも秦氏とユダヤをつなぐ証拠にちがいないと考える者もいる。『日本書紀』の「聖徳太子生誕説話」は「キリスト生誕説話」とそっくりで、その遠因はキリスト教のネストリウス派にある。彼らは五世紀半ばに「異端」と決めつけられ追放され、東に移動しペルシャで受け入れられ、さらに唐の時代（六三五）にペルシャの僧・アラホン（阿羅本）を団長とする伝道団が長安（陝西省西安市）にやってきた。

　これが景教（大秦景教）で、長安に大秦寺が建てられた。この景教の影響を受けて、聖徳太子の誕生説話が生まれたと考えられている。

　この大秦景教・大秦寺の「大秦」が「うずまさ（太秦）」の由来ではないか、という推理も当然飛び出す。

かの梅原猛も秦氏や聖徳太子と景教の結びつきに興味を示したひとりだ。たとえばその証拠に、『日本書紀』推古二十一年（六一三）十二月一日、二日条を挙げている。

聖徳太子が片岡（奈良県香芝市か？）で飢えた者に出会い、親切にしたが、翌日亡くなってしまった。その場に埋葬したが、数日後、近習に墓を見に行かせたところ、しかも聖徳太子の与えた服だけを残し、屍は消えてしまっていた。

聖徳太子は「あの人は真人（道教で奥義を究めた人のこと）である」と言い、人びとは「聖が聖を知るというのは本当のことなのだ」と感心したという。

梅原猛は、この説話がイエス・キリストの復活にそっくりだという。そのうえで、大工が広隆寺に「五芒星」の額を奉納するのは、キリストの父が大工だったことから大工の守護神に聖徳太子が選ばれたのではないか、と推理している（『うつぼ舟Ⅰ　翁と河勝』角川学芸出版）。

しかしここまで行くと、どうにも首肯できない。五芒星は陰陽五行思想の「五行＝木・火・土・金・水」の相剋を図に表したものであって、通称は「晴明桔梗」という。むりやりキリストと結びつける必要はどこにもないはずだ。

さらに三柱鳥居については大和岩雄がそのカラクリをみごとに解き明かしている（谷川健一編『日本の神々　神社と聖地 5 山城 近江』白水社）。三つの頂点の先には秦氏とかかわりの深い霊山がそれぞれあって、さらに正反対側にも山が存在する。すなわち三柱鳥居は霊山のパワーを取り込むための呪術だった可能性が高いのであり、「上から見れば三角形だからダビデの星に結びつく」という発想には無理がある。

謎めく秦氏の出自

秦氏がユダヤ系であった可能性を頭から否定するつもりはないが、それよりももっと大切な話がある。『日本書紀』を中心に秦氏の歴史を振り返ってみよう。

秦氏は最大の渡来系豪族なのだが『日本書紀』を読むかぎり出自がはっきりとしない。秦氏の来日説話は、応神十四年の記事にある。

百済から弓月君が来朝し、百二十の県の人夫（公の使役に携わる民）を率いて帰化しようとやってきたが、途中、新羅の人に遮られ、人夫は加羅国（朝鮮半島南部）に留まった。そこで葛城襲津彦を遣わした。ただし葛城襲津彦は三年間帰ってこなかった……。

なぜこの話が秦氏とかかわりがあると考えられているかというと、弘仁六年（八一五）に成立した『新撰姓氏録』に「応神十四年に融通王（またの名を弓月王）が二十七県の百姓を率いて帰化した。彼が秦氏の祖だ」と記録されているためだ。弓月君と融通王の話がよく似ているのだ。そして同じく『新撰姓氏録』は秦氏が秦の始皇帝の末裔だったと記している（左京諸蕃上・太秦公宿禰条）。おそらく秦氏が自己申告したのだろう。

ただし、まったくデタラメとも言いきれない。たとえば考古学者の森浩一は、京都嵐山・渡月橋の近くの秦氏が築いた葛野大堰と、秦時代の都江堰（中国・四川省）の構造がよく似ていると指摘し、秦氏が秦から朝鮮半島に落ち延び、さらに日本にやってきた可能性は否定できないとする（共著、京都文化博物館編『古代豪族と朝鮮』新人物往来社）。

また『魏志』東夷伝辰韓条には、「辰韓（のちの新羅）は馬韓（のちの百済）の東にある。古老が言うには、辰韓の人びとは秦の重税や苦役から逃れてきたため馬韓の東を割いて住まわせた」とある。秦の人に似ていたから「秦韓」とも呼ばれていたという。

弓月君は百済系と『日本書紀』はいうが、実際の秦氏は「新羅系の香り」が強く、また「ハタ」は朝鮮語の「海」を意味する「ｐａｔａ」から来ているとされ、朝鮮半島最南端の新羅系伽耶（加羅）出身ではないかとする説がある。この説が一番しっくりくる。

『日本書紀』に登場する秦河勝は強く新羅と結ばれているからだ。

推古十八年（六一〇）九月、使いを遣わし、新羅と任那の使者を召した。冬十月に新羅と任那の使者が京（飛鳥）に至り、迎え入れた。一行は朝廷を拝謁し、ここで秦造河勝らに命じて新羅の使者の導者（案内人）とし、南門から庭に入った。

もうひとつ秦河勝にまつわる記事がある。

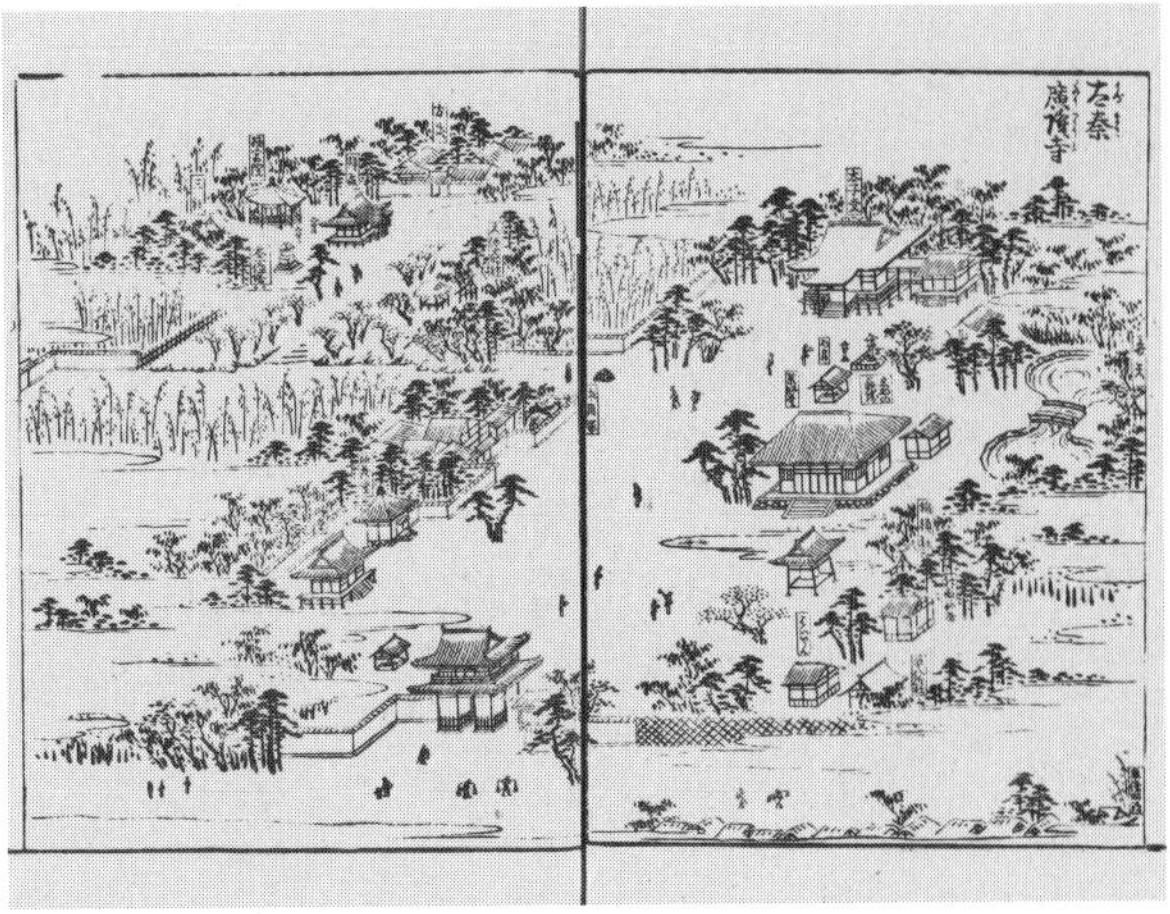

広隆寺図
※『都名所図会』より（国立国会図書館デジタルコレクション）

推古三十一年（六二三）秋七月（聖徳太子の薨去の直後）、新羅の使節が来朝し、仏像と金塔と舎利、大灌頂幡、小幡を貢上した。そこで仏像は葛野（京都盆地西部一帯）の秦寺（広隆寺）に安置し、その他は四天王寺（大阪市天王寺区）に納入した。『広隆寺縁起』にも「仏像を葛野の秦寺に安置した」とある。

これらの記事は秦氏と新羅の関係を暗示している。秦河勝はこの時代、新羅と飛鳥の朝廷を結びつけるような役割を担わされていたのかもしれない。それはなぜかといえば、秦氏が朝鮮半島南東部の新羅からやってきたからだろう（正確には新羅系伽耶）。そしてもちろん、彼らが秦から一度、朝鮮半島に逃れ、その後、日本にやってきたとしてもなんら不思議なことではない。

秦氏は先進技術をもたらした渡来人の集合体

ただし、ここが大切なことなのだが「秦氏」は、一人の祖から出た一族ではない。つまり秦氏は血のつながった集団ではなかった。渡来人を寄せ集めて「秦氏」になったのだ。『日本書紀』雄略十五年の記事にその様子が記されている。

秦の民を他の有力豪族が勝手に使役し、秦造（秦氏）には委ねなかった。天皇は秦造酒を寵愛していたので詔して秦の民を集め、秦造酒に下賜した。すると秦造酒は大勢の人びとを率い、庸（麻布）と調（絹など）を奉献し、朝廷に積み上げた。うずたかく盛り上げたから「ウヅマサ」の姓を賜った。

朝鮮半島から先進の技術を携えて来日し帰化した人びとは最初、豪族たちが思い思いに使役し、恩恵を蒙っていた。それを雄略天皇が集め、秦造酒に預け、擬制的な同族集団を形成させ、さらに土着の民（秦人、秦部）を支配させた。目的は王家（あるいは中央政権）が先進の文物や技術を独占し、権威を維持し富を増やすためだろう。

秦氏は王家に富をもたらす豪族だった。それは、六世紀の欽明天皇即位前紀に載る、次の話からも明らかだ。

欽明天皇がまだ幼かったころ、夢に人が現れて次のように語った。

「もし秦大津父なるものを寵愛すれば、成人したのち天下を掌握するに違いありません」

そこで人をやって探すと山背国紀郡深草里（京都市伏見区）で見つかったので呼び寄せた。欽明天皇は秦大津父を厚遇し、国も栄えた。そこで即位後、秦大津父に大蔵の管理を任せたという。

欽明天皇には腹違いの二人の兄がいる。父・継体天皇（第二六代）と尾張の目子媛との間の安閑天皇（第二七代）と宣化天皇（第二八代）で、東国の支援を受けた王家だった。欽明天皇は、東国勢力に対抗するために財力を欲したのだろう。そこで秦氏が必要になったにちがいない。

秦氏や秦河勝のおおよその知識が身についたところでいよいよ、秦河勝にまつわる不可解な伝承を追ってみようと思う。「祟りをもたらす恐ろしい鬼だった」と末裔が自慢しているのである。

世阿弥は祖・秦河勝が「鬼」であったと誇った

室町初期の能役者・謡曲作者の世阿弥は『風姿花伝』の中で、みずから秦河勝の末裔を名乗り、秦河勝と猿楽（申楽）のつながりについて詳しく記録している。

欽明天皇の時代に、泊瀬の河（奈良県桜井市を流れる初瀬川）に洪水が起き、一つの壺が流れ下ってきた。三輪の杉の鳥居のほとりで雲客（殿上人）がこれを拾うと、中に嬰児が入っていた。麗しく玉のようだったため天から降ってきたのではないかと思い、内裏に奏聞した。その夜、天皇は夢を見て嬰児は次のように述べた。

「私は大国秦の始皇（始皇帝）の生まれ変わりです。日本に縁があって、こうしてやってきました」
天皇は奇特に思い、殿上に召された。成人すると、才知は抜群で十五歳で大臣の位に昇り、「秦」の姓を下賜された。これが「秦河勝」である。
物部守屋(もののべのもりや)の滅亡事件に際し聖徳太子は、神代(かみよ)の「天の岩戸」や天竺(てんじく)の「釈迦(しゃか)の吉例」にあやかって六十六番の物まねを河勝に命じ、六十六番の面をつくられ、与えられた。河勝は、橘の内裏（飛鳥の橘寺(たちばなでら)に宮があったと考えていたようだ）の紫宸殿(ししんでん)で演じた。すると天下は治まり静かになった。聖徳太子は末代のため、神楽の「神」の「偏(へん)＝示」を取り除き、「旁(つくり)＝申」を残した。旁が暦(こよみ)の「申(さる)」だったため「申楽」と名づけたのだ。「楽しみを申す」の意味も込めて命名された。また神楽から分かれた芸だから名づけられた。

ここで世阿弥は秦河勝と申楽（猿楽）のつながりを指摘し、さらに不思議な話を続ける。

秦河勝は、欽明天皇、敏達(びだつ)天皇、用明(ようめい)天皇、崇峻(すしゅん)天皇、推古天皇といった第二九代から第三三代までの歴代天皇や聖徳太子に仕えた。この芸を子孫に伝えた。そして化人（化生の人。化け物。変化）は跡形もなく消えるものだからということで、難波からうつぼ舟（丸木舟）に乗って、風に任せて西に向かったのだった。すると播磨国坂越の浦（兵庫県赤穂市の大避神社）に着いた。乗っていた者は人間ではなかった。人びとに憑依し祟り、奇瑞をなした。

そこで人びとが神と崇めると国は豊かになった。「大きに荒るる」と書いて「大荒大明神」と名づけた。今でも霊験あらたかだ。本地は毘沙門天で、聖徳太子が物部守屋の逆臣を平らげたときも、この秦河勝の神通力から得られた方便によって滅ぼすことができたのだ。

どうにも腑に落ちないのは、世阿弥が祖・秦河勝について「人びとに憑依し、祟った」と述べている点だ。これはいったいなんだろう。秦河勝の謎はここにある。

広隆寺の奇祭「牛祭」と後戸の神

広隆寺の大酒神社の奇祭に牛祭がある。

毎年十月十二日の晩、白衣、白袴の赤鬼青鬼（四天王）が先頭に立ち、摩多羅神が牛に乗って練り歩く。摩多羅神は白衣に冠を被る。冠から紙が垂れ、異様で不気味な風貌だ。この祭り、いったい何を意味しているのだろう。

そもそも摩多羅神は中国から伝わった護法神で、天台系の常行三昧堂の後戸に祀られていた。そこで「後戸の神」とも呼ばれていた。また仏法を守る神だが、これを敬わないと祟りをもたらす恐ろしい神（忿怒神、夜叉神、行疫神）でもあり、歌舞芸能の神になっていった。そして猿楽芸能民はこの摩多羅神を「宿神」と呼び、守護神と崇めたのである。

服部幸雄は摩多羅神（後戸の神）について、「今来の神（寄り来る神）」のひとつで強力な霊を保持し、その威力を懼れられる存在であり、だからこそ「深く秘して祀らねばならぬ秘仏であった」といい、その一方でパワーを持っていたからこそ個人願望を叶えてくれることに長けていて、そういう点で「反中央的な性格」を持ち、そのため芸能の職能を有する遊行の部民に効験を顕したと指摘する。芸能の神として穏やかに見えるがその反面、「絶対の秘仏としていよいよ深く神秘の闇の中に封じこめられていったのである」という（『宿神論　日本芸能民信仰の研究』岩波書店）。

問題はこれら「後戸の神」「摩多羅神」「宿神」が秦河勝と重なっていくことであ

牛祭図
※『都名所図会』より（国立国会図書館デジタルコレクション）

る。事情は以下のようなものだ。

世阿弥の『風姿花伝』の中で、秦河勝は物部守屋討伐に参画したとある。このような記事は『日本書紀』にはない。その一方で、平安時代に編まれた『上宮聖徳太子伝補闕記』『聖徳太子伝暦』『今昔物語集』には、いずれも物部守屋討伐に際し、秦河勝が優れた軍人として聖徳太子を助け、活躍した様子が描かれている。

時代が下ると今度は秦河勝の姿が消え、その代わり毘沙門天が現れる。『太平記』には聖徳太子が毘沙門天像を刻み、毘沙門天の助けで物部守屋を滅ぼしたという。

そして世阿弥は「大荒大明神（秦河勝）の本地は毗沙門天（毘沙門天）だった」といっている。ここで播磨の大荒大明神が「将軍＝武神としての秦河勝像」に結びつく。それは播磨を守護する「毗沙門天」だが、四天王のひとりであり、北方を守る神だから、お堂の後ろ側に居座る「後戸の神」「宿神」に習合していったと思われる。

『明宿集』（金春禅竹が記した能楽の理論書）には、播磨の秦河勝は「猿楽ノ宮」「宿神」と呼ばれていたといい、あえて「大荒大明神」とは呼んでいない。

すなわち平安時代から中世の段階で「後戸の神」「摩多羅神」「宿神」と秦河勝は習合し、重なっていったのだ。『風姿花伝』にあるように、秦河勝は播磨国坂越の浦に赴き、「祟る神（＝鬼）」「御霊神」となって人びとを震え上がらせた。そして同じ「鬼」の属性の「後戸の神」とつながっていったのだろう。

不気味で恐ろしい「後戸の神」

後戸の神は恐ろしい神だ。祟りをもたらすから恐ろしいのではない。その「あり方」が実に不気味なのだ。差別される者たちの拠り所となった後戸の神は、

「実際には後ろ側からこの世界を支配しているのだ」

と、言っているように思えてならないのである。

後戸は「後ろ側の戸」のことで、この言葉は十一世紀後半の院政期から使われ、鎌倉時代の前半に定着した。仏堂の後ろ側であり、みだりに開けてはならないし、俗人が見てはいけない特別な空間であった。

猿楽と後戸は深く結びついている。猿楽の起源となった「呪師猿楽」は修正会や修二会の際、仏堂の背後の入口で行なわれた。鬼はここから登場すると考えられていたし、能の翁も後戸の神と崇められていた。

中世末から近世にかけて演じられた芸能「説経節」に、後戸にまつわる興味深い演目がある。それが語り物で人形を使った「しんとく丸」だ。

主人公・しんとく丸は継母の呪いを受け、盲目でらい病にかかり、卑賤の身となって、大阪・四天王寺のいせん堂（引声堂）の裏側（後戸）の縁の下に蓑笠を着てうずくまった。多くの非人や乞食が集まる場所だ。ここ後戸で「しんとく丸」は浄化され、救われるのだ。

寺の本尊は真南を向き、その真後ろに後戸の神は陣取る。本尊を拝むものには姿は見えないが、たしかにそこにいる神だ。そして後戸の神が真北に位置するのは、この神が「北極星」で、盧舎那仏（大日如来）の守護神だからである。

『明宿集』の題名には「宿神の正体を明かす」という意味が込められているが、その中に「宿神は星宿神のこと」と記される。星宿神は北極星で、天空にあって唯一動かない星として神霊化された。「太一」や「大極」とも呼ばれ、陰と陽がここから生まれると信じられた。くどいようだが北極星は天空にあってまったく動かない星だ。すなわち「北極星」「太一」「大極」「宿神」は宇宙の根源なのである。

盧舎那仏（大日如来）といえば、神仏習合思想によって天皇の祀る天照大神（盧舎那仏が本地）と同一と考えられているのだが、さらにこの盧舎那仏を北極星である後戸の神が支配しているという図式がここに浮かび上がってくる。すなわち、卑賤の身、非人、乞食の崇める後戸の神が「表の盧舎那仏」を守護し、支配しているわけである。

盧舎那仏を「王＝神」、後戸の神を「差別される人びと＝鬼」と見なせば、ここに恐ろしい図式が見えてくる。

ならばなぜ秦河勝が宿神と見なされ、その宿神は後戸の神で「裏側からこの世を支配している」かのような不気味な存在になったのだろう。そしてここに「天皇（神）と鬼」にまつわる謎解きのヒントが隠されているのではなかろうか。

蘇我入鹿殺害事件の真相

蘇我入鹿の乱と秦河勝

鍵（かぎ）を握っていたのは秦河勝である。

『風姿花伝』の中で秦河勝は播磨の坂越に向かい、「祟る神（＝鬼）」になったと記されていたが、なぜ坂越に向かったかというと「化人（けにん）は跡形もなく消えるものだから」と伝えている。ところが播磨地方の地誌『播磨鑑（はりまかがみ）』には、秦河勝は皇極二年（六四三）九月十二日、「蘇我入鹿の乱」から避ける（避難する）ためにこの地にたどり着き、だから「大避神社」になったとある。また大避神社の伝承では、秦河勝がこの地にやってきたのは皇極三年（六四四）のことだという。

蘇我入鹿の乱とはなんだろう。なぜ秦河勝が乱から逃れたのだろう。ちなみにこの時期は蘇我本宗家の絶頂期だ。

蘇我氏が専横を極めていた時期の『日本書紀』の記事は以下のとおり。

皇極二年冬十月六日、蘇我蝦夷は病気と称し、出仕しなかった。密かに（勝手に）蘇我入鹿に紫冠（大臣の官位）を授けた。（中略）十一月一日、増長した蘇我入鹿は斑鳩に兵を差し向け、山背大兄王ら上宮王家（聖徳太子の後裔）を追い詰めた。一度は生駒山に逃れた上宮王家だったが斑鳩に戻り、一族滅亡の道を選んだ。

この直後から中臣鎌足は蘇我入鹿暗殺計画を練りはじめ、皇極四年（六四五）、飛鳥板蓋宮大極殿で蘇我入鹿は暗殺されたのである（乙巳の変）。

すなわち秦河勝はこの動乱の畿内から逃れて西に向かったことになる。そして一般的には蘇我入鹿の乱は「上宮王家滅亡事件」のことと考えられている。理由はいくつかある。まず秦河勝が聖徳太子と結ばれていたこと、秦氏は京都府南部の山背（山城）を地盤にしていたが山背大兄王も山背とつながっていたからだ。

山背大兄王の名前にすでに「山背」の二文字が刻まれている。さらに山背大兄王が生駒山に逃れたとき、次のように進言する者がいた。

「願わくは深草屯倉（京都市伏見区）に移り、そこから馬に乗って東国に至り、乳部を拠点に兵を挙げて戻ってくれば、戦いに勝利することまちがいありません」

ここで「山背にいったん逃げましょう」と言っている。それは「屯倉（直轄領）があるから」というが、山背といえば秦河勝の本拠地なのだからふたりの関係を疑ってみたくなる。聖徳太子と秦河勝は強く結ばれていたというし、ここは山背大兄王と秦河勝の絆があって、だからこそ「山背に逃げましょう」と進言があったと思えてくるのである。

ただし、ことは単純ではない。筆者は「聖徳太子も山背大兄王も、どちらも架空の存在」と見なしているからだ。このあたりの事情は他の拙著で繰り返し述べてきたが以下簡潔に説明しておこう。

蘇我氏を悪者にするために作りあげられたトリック

正史『日本書紀』は中臣鎌足の子の藤原不比等が朝堂のトップに立った時点で完成しているから中臣鎌足の行動は正当化され、美化されたはずだ。

『日本書紀』は蘇我入鹿は「大悪人」で天皇家を蔑ろにしたというが、蘇我氏は本当は改革派で天皇と日本の未来のために働いていたのに、反動勢力の中大兄皇子（天智天皇）と中臣鎌足の手で葬り去られたにちがいない。ならば、『日本書紀』編者は、中大兄皇子と中臣鎌足の犯罪行為をどのように話をすり替え、彼らを古代史最大の英雄に祀り上げることができたのだろう。そのトリックとカラクリを割り出すことはできないだろうか。

正しい者を悪人にするためのもっとも手っ取り早い方法はまず、正しい者（蘇我入鹿）の改革事業の手柄を架空の人間に預けてしまうことだ。この人物が「聖徳太子」であり、比類なき聖者と称えられた。そうしておいて「蘇我入鹿が聖徳太子の子・山背大兄王を一族滅亡に追い込む」という巧妙な物語が構築されたのではあるまいか。

すなわち蘇我入鹿が山背大兄王を追い詰めることによって「聖徳太子が聖者であること」と「蘇我入鹿が大悪人であること」は反比例するという構図だ。『日本書紀』が必要以上に聖徳太子を礼讃したのは、聖徳太子を褒め称えれば称えるほど蘇我入鹿の悪人ぶりが際立つからであろう。

それにしても「正史に登場する人物を、そう簡単に架空だったと決めつけてよいのか」と思われるかもしれない。けれども『日本書紀』に登場する聖徳太子と山背大兄王をめぐる説話は神話じみているし、『日本書紀』は聖徳太子を礼讃する一方で「鬼扱い」もしている。そこに矛盾を感じる。

聖徳太子の本当の名はよく分からないし、聖徳太子の子である山背大兄王が「戦えば勝つことは分かっている」と言いながら一族を道連れにして滅亡を選んだ理由が分からない。生駒山からなぜ法隆寺に戻ったのだろう。

山背大兄王一族の滅亡は「蘇我入鹿暗殺の最大の大義名分」だった。蘇我入鹿暗殺現場で中大兄皇子は母親である皇極天皇からなぜ凶行におよんだのかを問い詰められ、「蘇我入鹿は皇族を殺め、王家乗っ取りを画策している」と訴えている。

皇族を殺めたというのは聖徳太子の後裔・山背大兄王一族のことだ。実は『日本書紀』の主張する蘇我入鹿成敗の正義は「上宮王家（山背大兄王一族）滅亡事件」に対する報復だけなのである。

不自然きわまりないのは山背大兄王一族の死の描写だ。

伎楽が奏でられ、空は照り輝き、五色の幡蓋（のぼり型の旗と天蓋）が宙を舞い、寺に垂れ下がった。人びとは仰ぎ見て嘆き、指し示して蘇我入鹿に見せようとしたが、入鹿が振り返ると幡蓋は黒い雲になってしまったという。

この描写は神話じみていて過剰演出としか言いようがない。

『上宮聖徳法王帝説』には奇妙な記事が残されている。冒頭、聖徳太子の系譜を紹介したあと、山背大兄王について次のように述べている。

山背大兄王は賢く尊い気持ちの持ち主で身命を賭してまで人びとを守ろうとした。後世の人間が聖徳太子と山背大兄王は同一人物だと噂しているが、それはよくないことだ。


謎めく一節だ。平安時代、聖徳太子と山背大兄王が親子ではなく同一だったと疑っている人がいて噂し合っていたという。そしてこの一節の本当の謎はこのような噂話を「馬鹿馬鹿しい」と一蹴するのではなく「噂することは不謹慎だ」とたしなめていることである。「同一のはずがない」と言っているのではなく、聖徳太子と山背大兄王の系譜は疑念があると認めているのである。そもそも二人は親子でもなかったのだろう。

聖徳太子と山背大兄王は『日本書紀』編者が苦心の末に構築したトリックなのだ。そもそも『日本書紀』は、二人が親子だったと言っているわけではない。あたかもそうであったかのように示しているだけだ。藤原氏全盛期の平安時代に表だって「あれは虚構だ‼」と主張すれば、藤原氏ににらまれ、命がいくつあっても足りなかっただろう。だからかえってこういう「暗示めいた表現」こそ、真実を語っている可能性が高い。聖徳太子と山背大兄王は親子でなかったとすれば、「蘇我入鹿の専横」の根拠は崩れ去る。

もうひとつ不可解なのは、山背大兄王の親族すべてが一か所に集められ集団自殺し、「聖徳太子の末裔がこの世から一人残らず消えてしまった」ということだ。もともと聖徳太子や山背大兄王などどこにもいなかったから、きれいさっぱり蒸発してくれないと、都合が悪かったのだろう。

なぜ秦河勝は「祟る神」と見なされたのか

なぜ蘇我入鹿と山背大兄王の関係にこだわったかというと『日本書紀』の構築した「蘇我入鹿大悪人説」は、山背大兄王という存在がいなくなるだけでもろくも崩れ去るからだ。そして秦河勝が「蘇我入鹿の乱から逃れてきた」という伝説の真意を知りたかったのだ。山背大兄王の存在が虚構とすれば、秦河勝はなぜ播磨に逃れてきたのか。そして、なぜ秦河勝は播磨で祟りをもたらす恐ろしい神と見なされたのだろう。さらに「蘇我入鹿の乱」とはいったい何を指していたのだろう。

『日本書紀』は、蘇我入鹿暗殺の直前、秦河勝は播磨ではなく東国に向かっていたと記す。

上宮王家滅亡事件から半年後の皇極三年（六四四）秋七月、東国の不尽河（富士川）のほとりで、大生部多なる人物が虫を「常世の神」と称して祀ることを人びとに勧めていた。巫覡（神託を伝える者）たちが、「常世の神を祀れば、貧しい者は富を得、老いた者は若返る」と説くと人びとはだまされ、財をすり減らしていた。

秦河勝は民が惑わされていることを憎み、大生部多を討ち取ったのだ。巫覡らは散りぢりになり、時の人は次のように詠った。

太秦は　神とも神と　聞こえ来る　常世の神を　打ち懲ますも

「秦河勝（太秦）は、神の中の神と噂された〝常世の神〟を打ち懲らしめた」という歌である。常世には「死後の世界」と「不老長寿」の二つの側面がある。「神の中の神」と詠われたのだから、ここは良い意味の不老長寿だろう。

この事件、妙にひっかかる。そもそもなぜ秦河勝が人びとをだます悪いヤツを私的にやっつけたのか、なぜ山背から東国までわざわざ出向いたのだろう。

ここで「巫覡」が意味を持ってくる。

宝亀十一年（七八〇）十二月十四日、光仁天皇（第四九代）は次の勅を発している。

「聞くところによると、近ごろ無知な百姓が巫覡と交わり、みだりに祀るべきでない神を崇め、藁を結んで造った犬を並べ、呪文を記した札など怪しげなものを造り、街路に満ちあふれている。ことに寄せて福を求め、かえって禁じられている厭魅（呪詛）にかかわってしまっているという……」

こう言って、取り締まるよう命じている。

この文言、秦河勝が大生部多を成敗したときとよく似ている。問題は光仁天皇が、天武系の称徳天皇の崩御を受けて藤原氏の後押しを受けて即位した天皇で、しかも反蘇我派の天智系だったことだ。

光仁天皇は久しぶりに誕生した「藤原氏のための天皇」だった。その光仁天皇が敵視したのが巫覡たちであり、ここに巫覡たち反政府的なアウトサイダーと藤原氏の「相性の悪さ」が浮かび上がってくる。その理由を探れば、巫覡たちが蘇我氏

（天武系）と強く結ばれていたからではなかったか。

そう考えると、秦河勝が神の中の神として巫覡に支持されていた「常世の神」を殺してしまったという『日本書紀』の記事は深い暗示だったのではないかと思えてくる。

ここで思い出されるのは、蘇我入鹿暗殺事件直前の巫覡と蘇我氏の関係だ。巫覡らは蘇我氏に何かを伝えようとしたが、うまく伝わらず不吉な前兆をみな感じとったという。一方、秦河勝が懲らしめた大生部多を、巫覡らは「神の中の神」と称えていたのだとすれば、ここにひとつの推理が生まれる。すなわち蘇我入鹿暗殺の実行犯は秦河勝で、だからこそ播磨に逃れたまま、かの地で亡くなったのではなかったか。

秦河勝が蘇我入鹿殺害の実行犯？

そもそも『日本書紀』に描かれた飛鳥板蓋宮大極殿の蘇我入鹿暗殺シーンは矛盾だらけで、あてにならなかったのだ。三韓（さんかん）の使者が一堂に会すということ、皇太子候補筆頭の中大兄皇子がもっとも危ない位置にいて、無位無冠の中臣鎌足が弓を持って後方から援護し一番安全な場所で高みの見物をしていること、蘇我入鹿暗殺の密談が露顕する危険があったにもかかわらず蘇我倉山田石川麻呂を味方に引き入れ、その役割が上表文を読み上げて蘇我入鹿を油断させることだったこと（リスクとの釣り合いがとれていない）など数え上げればきりがない。そもそも暗殺団がなぜ暗殺現場で食事をし、緊張のあまり嘔吐したなどという話を盛り込んだのだろう。物語を盛り上げるための演出なのだろうが現実味がない。

その一方で飛鳥寺（法興寺）の遺構が発掘調査され、蘇我入鹿の首塚が甘樫丘（蘇我氏の拠点）に向かう西門の脇に祀られていること、暗殺現場はここだったのではないかとする説がある（高野勉著『聖徳太子暗殺論』光風社出版）。すると、蘇我氏につながりがあり、怪しまれずに蘇我入鹿に近づけた犯人像が浮かび上がってくるのだ。もちろんそれが、秦河勝である。

秦河勝には蘇我入鹿を殺す動機が備わっていたように思う。

『日本書紀』は聖徳太子の仏像を秦河勝がもらい受けたというが、聖徳太子は蘇我氏を鏡に映した架空の存在だから、秦河勝は実際には蘇我氏経由で仏像を手に入れたのだろう。

蘇我氏といえば、渡来系のテクノクラート（技術者集団）を駆使することで富を蓄えていったというイメージがある。そこで蘇我氏も渡来系ではないかと疑われるが、蘇我氏の祖はヤマト建国前後から活躍し、日本と朝鮮半島を頻繁に往き来していたと思われる（拙著『蘇我氏の正体』）。

それはともかく、七世紀の蘇我氏は中央集権国家づくりに邁進し、貪欲に新たな文物を求めていた。仏教もそうだし、製鉄や工芸もある。そして、蘇我氏が抜擢し頭角を現したのが東漢氏であった。『日本書紀』の記事その他を総合すれば、漢氏の来日時期は秦氏とほとんど変わりない。けれども、東漢氏は今来漢人（新しくやってきた人びと。六世紀初頭か？）を組み込み、勢力を拡大させた。問題はこの「今来漢人」たちで、最先端の文物を日本に持ち込んだ可能性が高いこと、漢氏と二大勢力を保っていた秦氏の持っていた技術が陳腐化していたであろうことだ。だからこそ、蘇我氏は東漢氏をことさら重用したのだろう。

渡来人（帰化人）は、高級官僚にはなれなかった。秦氏は国家を豊かにするほどの活躍をしていたのに、官人としての出世は望めなかったのだ。もしそのまま蘇我氏の推し進める律令体制に移行した場合、渡来人の立場はいったいどうなるのか、せっかく堤を造り堰を設け、山背を開墾し豊かな土地を用意したのにすべての権益を天皇（朝廷）に献上しなければならないのか……と不安は募るばかりだっただろう。

秦河勝は蘇我氏に近しかった。しかし、古くから来日していた人たちと利害を共有し渡来人を代表する者として、蘇我入鹿暗殺を決行したのだろう。

広隆寺に聖徳太子三十三歳像を祀るのは、秦河勝が蘇我入鹿を暗殺してしまったからと思われる。聖徳太子とは要するに、改革を目指した「蘇我氏のシンボル」、つまり蘇我入鹿なのである。蘇我入鹿の改革事業の手柄は、聖徳太子という虚像を用意することで、中大兄皇子（天智天皇）と中臣鎌足に奪われた。さらに『日本書紀』は大生部多殺しの話にすり替えて「大悪人＝蘇我入鹿」を成敗した手柄を秦河勝から奪ってしまったにちがいない。

法隆寺の謎と四天王寺の蘇莫者（そまくさ）

広隆寺だけではない。法隆寺も大きな秘密を隠している。

法隆寺では聖徳太子の童子像（孝養像（きょうようぞう））が祀られる。その数がおびただしい。古来、童子は「鬼」と見なされていたのだから不思議な光景である。

第三章で少し触れたが、東院伽藍（とういんがらん）（夢殿（ゆめどの））の聖徳太子等身仏（救世観音（ぐぜかんのん））は白い布でぐるぐる巻きにされ、まるでミイラのようになって秘仏にされた。梅原猛はこれこそ聖徳太子の祟りを封じ込めるためといい、なぜ聖徳太子は祟るのかといえば、藤原氏の祖・中臣鎌足が蘇我入鹿をそそのかし、聖徳太子の子・山背大兄王を襲撃させたからだという。すなわち後世の藤原氏は事件の真相を知っていて、聖徳太子の祟りを恐れたというのである。

藤原氏が窮地に陥ったとき、必ず法隆寺が手篤く祀られたと梅原猛は指摘し、たしかにそのとおりなのだが、だからといって聖徳太子の祟りであったかというと実に怪しい。藤原氏が法隆寺を重視しはじめるのは、いわゆる聖徳太子の死後百年近くたってからだ。もっとほかの理由がなければおかしい。

すでに触れたように法隆寺は蘇我氏や蘇我系皇族の墓場であって、藤原氏があわてて祀り出すのは親蘇我派の継承者であった長屋王の祟りに怯えたときからなのだ。つまり、比類なき聖者・聖徳太子の存在は虚構で、法隆寺が必死に祀っていたのは「祟る蘇我氏と蘇我系皇族」である。

法隆寺最大の祭りに聖霊会があって、そのクライマックスで蘇莫者の舞が繰り広げられる。

『聖徳太子伝私記』は「蘇莫者」について次のように記す。

聖徳太子四十三歳のとき、笛を吹きながら法隆寺から天王寺（大阪・四天王寺）に向かっていた。すると背後に山神が現れ、太子の笛に合わせて舞った。怪しんで振り返ると山神は舌をぺろんと出した。この山神が舞う様が天王寺に伝わり、山神を蘇莫者と呼ぶようになった……。

梅原猛は、恨めしげに踊り狂う蘇莫者の「蘇」は蘇我氏のことで「蘇我系皇族・聖徳太子そのもの」ではないか、と推理する。蘇莫著が蘇我系であったことは確かにしても、「太子」と呼ばれる笛吹が脇に小さく控えているのだから、蘇莫者は「聖徳太子そのもの」ではない。

ならば、法隆寺最大の祭りのクライマックスに踊り狂う蘇莫者の正体を明かすことはできるだろうか。これこそ、蘇我入鹿の亡霊ではなかろうか。

そして蘇莫者が最初、法隆寺ではなく四天王寺で舞われていたことが、大きな意味を持っている。というのも秦氏と四天王寺は強い絆で結ばれているからだ。

以下しばらく、四天王寺と秦氏のつながりを考えておきたい。そして問題は、秦氏と縁の深い広隆寺と四天王寺から「太子信仰」が芽生(めば)えていくことである。

また、四天王寺の秦氏系の楽人（雅楽を演奏する人）たちは差別を受けていくようになる。ここに大きな謎が隠されている。

秦氏に祀られていた本当の「鬼」

広隆寺と四天王寺は強く結ばれている。

平安時代初期、広隆寺（蜂岡寺）の僧が四天王寺に暮らしていたことが『天王寺秘決』に記されている。『天王寺秘決』には四天王寺と聖徳太子にまつわる過去の記事が集められ、作者自身の考えも加えられている。すべて残っているわけではないが、原本は十三世紀の前半に四天王寺の僧によって書かれたらしい。それはともかく、『天王寺秘決』の記述から、広隆寺の僧が四天王寺の運営にかかわっていたのではないかという指摘もある（あたらしい古代史の会編『王権と信仰の古代史』吉川弘文館）。記事は一度罹災した広隆寺の再建途中のことで、僧たちは四天王寺に身を寄せていたようだ。広隆寺と四天王寺は桂川と淀川でつながっていて、流域に秦氏が暮らしていたから縁があったのだろう。古代の河川にまつわる土木工事といえば秦氏の得意分野であった。

『日本書紀』に従えば、四天王寺建立は聖徳太子が物部守屋を倒した暁にと誓願したからで、本来ならここに秦氏が絡んでくる要素はない。ところが『風姿花伝』には物部守屋討伐に際し、秦河勝が大活躍したと記される。そのためだろうか、秦氏は四天王寺に深くかかわり、また物部守屋を丁重に祀っていたようだ。

四天王寺の境内には守屋祠が祀られている。物部守屋に仕えていた者たちが守屋の滅亡後、四天王寺の奴婢になり、その末裔が今も四天王寺で働き、彼らは「公人」と呼ばれていて四天王寺の聖霊会で大きな役割を担っているという（谷川健一著『四天王寺の鷹』河出書房新社）。

なるほど四天王寺一帯は物部氏と強い縁で結ばれている土地だから、物部守屋が強く意識されたことはまちがいないだろう。そして河内の秦氏が四天王寺創建に大いにかかわっていた可能性も高い。しかし物部守屋の背後にもうひとつ、秦氏に祀られていた本当の「鬼」が見え隠れする。それが聖徳太子である。

秦氏は四天王寺と広隆寺で「太子信仰」を広めていくのだ。

しかし、ここで大きな謎が浮かぶ。

私見が正しければ、秦河勝は聖者（蘇我入鹿＝聖徳太子）殺しの実行犯であり、秦氏は後ろめたい気持ちを抱き続けたであろう。その秦氏がなぜ「太子信仰」の旗振り役になっていったのだろう。なぜ「秦氏の秘密」が露顕するリスクを負いながら太子礼讃をはじめたのだろう。

ヒントはある。秦氏は四天王寺の伶人（楽人）となって「蘇莫者」を演じていく。しかも蘇莫者は聖徳太子が笛役になって盛り立てる謎の神だ。もちろん、蘇莫者は蘇我入鹿であろう。蘇我入鹿は蘇莫者となって正体を抹殺されたうえで、秦氏らの手で祀られていった可能性が出てくるのである。

ただし、殺した相手を礼讃し神聖視すれば、みずからの犯した罪がさらに深くなるというのに、これはどうしたことだろう。

藤原氏に利用され棄てられた秦氏

秦河勝が蘇我入鹿を殺したおかげで、中臣鎌足・藤原不比等親子はのし上がることができた。だから秦氏は藤原氏の恩人である。

ところが藤原氏だけが栄える世が到来すると、秦氏は差別されていく。

秦氏の不運は、八世紀以降、百済系の藤原氏が朝堂を牛耳ってしまったことだ。

秦氏は新羅系で、百済と新羅は犬猿の仲だった。百済を滅亡に追い込んだのは新羅だったからだ。

とはいっても、まっすぐ零落していったわけではない。延暦三年（七八四）五月、桓武天皇（第五〇代、在位七八一〜八〇六）は藤原小黒麻呂（北家）や藤原種継（式家）らを遣わし、山背国乙訓郡長岡村（京都府長岡京市）の地を視察させた。長岡京遷都を行なおうというのだ（平安京遷都の直前、都は平城京から平安京の南西側に移す計画だった）。ここに、かつてないチャンスが秦氏に訪れた。

秦氏は山背の土地を提供し、しかも長岡京造営の責任者（造長岡宮使）である藤原種継の母は秦氏だった。また、藤原種継とともに長岡京の視察に向かわされた藤原小黒麻呂の妻も秦氏だった。桓武天皇は山背に都を造る以上、秦氏の協力を仰がなければ工事は進捗しないと考えたのだろう。

秦氏が大きく飛躍する好機がめぐってきた。この年の十二月には、秦足長が宮城を築くのに活躍したということで外正八位下から一気に従五位上に昇進した。延暦四年（七八五）八月には、太秦宅守が太政官院（朝堂院か）の垣を築いたため従五位下に出世したのである。

しかし、延暦四年九月二十三日の夜、悲劇的な事件が起きる。桓武天皇の留守中に、造都の責任者・藤原種継が何者かに射殺されたのだ。主犯はすぐに捕まったが、意外な人物が連座した。桓武天皇の弟で皇太子だった早良親王である。早良親王は廃太子ののち淡路に流されたが、船中で抗議の断食をし、亡くなった。実際には食料も水も与えられず餓死したらしい。このの ち長岡京は捨てられ、建造物は長岡京から見て北東側の平安京に移築されたのだった。

この事件、どうにも怪しい。藤原氏の内紛であった可能性が高い。このころ、藤原氏は四つの家（南家、北家、式家、京家）に分かれ、主導権争いを演じていたのだ。

またこのとき、古代を代表する豪族・大伴氏が没落している。そして大伴氏の支持を受け、藤原氏の女人を娶っていない早良親王が消された。早良親王が順当に即位すれば、藤原氏が外戚の地位から閉め出される可能性が高かった。さらにここで、秦氏と血縁関係を結んでいる藤原種継が犠牲になった。式家の藤原種継が遷都を成功させれば、式家と秦氏が強い影響力を持ってしまう……。

他の藤原家にとって、生き残られると邪魔になる者たちが長岡京の事件できれいに消えたのだ。これは偶然ではあるまい。

秦氏にとって最悪だったのは山背の長岡京に遷都することによって強大な発言力を獲得できると踏んだ矢先、頼みの綱の藤原種継が殺され、藤原氏に利用されるだけ利用されて棄てられた形になったことである。

秦氏が「太子信仰」を広めた理由

結局、平安京は「藤原氏が高笑いする都」になり果てた。藤原道長(みちなが)に至っては、

この世をば　我が世とぞ思ふ望月(もちづき)の　欠けたることもなしと思へば

と、藤原北家ひとり勝ちに酔いしれるほどだった。

秦氏にすれば、先祖代々汗水垂らして開墾した山背の地を藤原氏に奪われたようなものだ。もちろん律令の原則は土地と民は天皇に預けるのだが、地域を現実に支配する役人として彼らは山背の地を束ねていた。ところが新たに同じ山背に平安京が誕生し、秦氏のほとんどの支配地は奪われてしまった。秦氏は詐欺(さぎ)に遭(あ)ったような気分だったろう。

秦氏は蘇我入鹿を殺し、中大兄皇子(天智天皇)と中臣鎌足のために働いた。そして親蘇我派・天武系王家になり代わって反蘇我派・天智系の光仁天皇が即位し

た。また、光仁天皇の子・桓武天皇が「秦氏の山背に都を造ろう」と持ちかけ、秦氏はこころよく協力した。とすれば平安朝成立の陰の功労者は秦氏になるはずだった。秦氏が手を汚して反蘇我派の王家は生まれたのだ。秦氏が山背の地を手放して平安京は生まれたのだ。

ところが秦氏はすべてを失った。しかも百済系の藤原氏は勝ち誇ったかのように新羅系の秦氏を蔑視していく。そして事実、秦河勝の末裔は差別されていくのである。

「この屈辱……」

ここで秦氏は、ひとつの選択をしたのではなかったか。

それは藤原氏の思惑（おもわく）を逆手（さかて）にとって、聖徳太子を礼讃し、〝太子信仰〟を民衆に広めてしまうこと――。しかも、最下層の民に聖徳太子を教えていくことである。

聖徳太子が聖者だったことは『日本書紀』の編者が記録したことだ。その目的は、すでに述べたように蘇我氏を大悪人に仕立て上げるためだった。蘇我氏の業績をすべて聖徳太子に預け、その聖徳太子の子・山背大兄王の一族をお話の中で蘇我入鹿に殺させることで、蘇我入鹿に「聖者殺し」のレッテルを貼るためである。

しかし秦氏は真相を熟知していた。蘇我入鹿は聖徳太子のような人物（聖者）であり、その「神の中の神」を秦河勝が殺し、『日本書紀』はこの事実を隠匿してしまったのだ。

そして『日本書紀』は聖徳太子・山背大兄王親子を登場させることで蘇我入鹿を「大悪人」に仕立て上げることに成功し、蘇我入鹿成敗を中大兄皇子と中臣鎌足の手柄にしてしまったわけである。

秦氏は、この『日本書紀』の構築した完全犯罪の図式を逆手にとり、架空の「聖徳太子」を大々的に喧伝し、世に広めようとしたのだろう。目的は明らかだ。「中大兄皇子と中臣鎌足が秦河勝をそそのかして蘇我入鹿を殺させた。蘇我入鹿は〝神の中の神〟のような存在であったのに中大兄皇子と中臣鎌足は抹殺した。その中大兄皇子と中臣鎌足の末裔が平安京の天皇家と藤原氏なのだ」

誰もが「聖徳太子は救世主だった。民衆の味方だった」と信じたところで「本当の歴史」を暴露してしまえば、天皇家と藤原氏の権威は一気に凋落する。だから「太子信仰」を広めた時点で、秦氏や差別される人びとは王家と俗権力（藤原氏）をゆする材料が調ったことになる。

そう考えると、なぜ秦氏が建立した広隆寺の聖徳太子三十三歳像に、歴代天皇が即位儀礼に用いた装束を贈り続けてきたのか、その真意がつかめてくる。それは秦氏に対し、「真相をばらさないでほしい」と懇願（こんがん）していることに通じる。

秦河勝は「鬼」だと、その末裔を名乗る世阿弥は断言した。先祖を鬼呼ばわりしたのは、要するに「太子信仰」のカラクリを考えれば簡単に理解できる。

秦氏は復讐（ふくしゅう）しているのだ。差別される最下層に立っているからこそ、有効な手段がある。「鬼」になって開き直ることだ。

なぜ天皇は永続したのか――、網野善彦の言っている「王家と無縁の人びとのつながり」とは、ひと味もふた味も違う図式がここに浮かび上がってきたのである。「天皇と鬼」の関係のひとつは、こうして解き明かすことができたが、ヤマト建国以来の歴史を明らかにしなければ解けない謎であった。「天皇と鬼」は複雑な因縁（いんねん）が絡み合っていたわけである。

おわりに

天皇と鬼の正体を明かしてきたが、最後に、ヤマトの初代王・神武と隼人の話をしておこうと思う。

拙著『海洋の日本古代史』の中で、天孫降臨神話をヤマト建国後に起きた事件だと推理した。いきさつは、以下の通り。纏向に人びとが集まり、前方後円墳が出現し、ヤマトは生まれた。しかしその直後、瀬戸内海（吉備）と日本海（タニハ、出雲、北部九州沿岸部）の間に主導権争いが勃発し、日本海勢力は北部九州で敗れてしまった。この時、山陰地方（タニハや出雲）から北部九州沿岸部（特に奴国）にかけての諸勢力が衰退したことは、考古学的にはっきりとわかっている。逃げ場を失った日本海勢力の貴種たちは、命からがら海に活路を見出し南部九州に逃れたのだろう。これが天孫降臨神話の真相と思われる。

神話の中で最初の降臨地に選ばれたのは高千穂だが、これは作り話で（天上界から山頂に下ったのだから当然のことだ）、次の第一歩が九州西海岸のほぼ南端・笠狭碕（鹿児島県南さつま市笠狭町の野間岬）だったところがミソだった。ここは、九州の海人たちの格好の止まり木（天然の良港）であり、航路のジャンクションであった。海人のネットワークが、日本海勢力の貴種を守ったのだろう。こうして敗れ、逃れ、逼塞した日本海の貴種は、ヤマトを呪った……。

ならば、神武東征とはどのような事件だったのか。日本海勢力を裏切ったヤマト政権に、災難が降りかかった。人口が半減するほどの疫病の蔓延に苦しみ、祟りと思い震え上がり、南部九州に逼塞していた日本海勢力の貴種を、疫神封じの切り札として呼び寄せたにちがいない。ここに「権力は持たぬが祭祀に専念する王（天皇家）」が生まれたと考えられる。神武天皇の橿原宮（奈良県橿原市）の周辺に、九州の海人の末裔が集住していたのは、このためだろう。これが、天皇家誕生秘話だ。

そこで注目したいのが、「まつろわぬ隼人や熊襲」のことなのだ。

隼人や熊襲は、南部九州の縄文的な香りを残す人びとで、一部は優秀な海人だった。ただ、彼らに荒くれ者のイメージがあるのは、『日本書紀』の印象操作があったからだ。たとえば天皇家の祖神・山幸彦（彦火火出見尊）に意地悪をする海幸彦（火闌降命）が隼人の祖というから、神話の時代から、天皇家の敵として描かれている。また歴史時代に入ると、ヤマトタケルの熊襲征討説話が載る。当然、ヤマト政権とは長い間反目していたと考えられがちだ。

しかし一方で、なぜか隼人は王家に近侍し、大嘗祭など重要な祭祀に参加し、重用されている。海幸彦は山幸彦の兄だから、隼人は天皇家と血縁関係を結んでいたことになる。天孫降臨した天津彦彦火瓊瓊杵尊は、隼人の土地で嫁をもらい、暮らしていたのだから、むしろこれは自然なことに思えてくる。

隼人は竹の文化をヤマトにもたらしたが、竹には強い霊力が備わっていると信じられていた。スサノヲも竹の櫛の呪術を用いて八岐大蛇退治をしている。山幸彦は無目籠というカゴ（編んだ竹）に乗って海神の宮に向かっている。浦島太郎が亀に乗って竜宮城に行ったのは、「亀甲紋＝カゴ＝竹」と連想できるからだろう。天皇は大嘗祭で、竹で編んだ敷物の上に座る。竹は神聖な小道具に化けたのだ。その文化をもたらしたのが、隼人である。五世紀後半、強い王権を目指した雄略天皇が出現したが、彼を支持する者は少なかった。しかし、神武天皇に付き従って九州からヤマトに入った大伴氏が、雄略天皇を支えた。雄略天皇が亡くなった時、隼人は御陵で泣きぬらし、食事を与えても手に取らず、亡くなったという。

こういうことではなかったか。

南部九州に逃れてきた日本海の貴種を、隼人たちは「損得抜き」で守り抜いた。

復活することなど約束されていない零落した他人を、隼人はあたたかく迎えいれた。そして、神武東征に付き添ったあとも、「実権のないヤマトの王」を、隼人たちは見放さなかったのだ。隼人と王家の絆は、深く強い。だからこそ、祭司王となったヤマトの王は、隼人のもたらした竹の呪術を重視したのだろう。また、五世紀後半にようやくヤマトの王が力をつけはじめた時、強力にサポートしたのは、大伴氏や隼人ら、九州からヤマトに乗り込み、苦労を共にしてきた人たちなのだろう。

八世紀に実権を握った藤原氏は、王家と隼人の絆を嫌い、神道のシステムを改変し、神聖な呪術の道具だった竹や蓑笠を「賤しい者のシンボル」に仕立て上げ、さらには、ヤマトタケルの熊襲征討説話を喧伝することで「まつろわぬ熊襲や隼人」のイメージを作り上げ、現実に遠征軍を送り込んだのだろう。こうして天皇家を守りつづけた隼人は、賤しい鬼に転落したのである。

天皇と鬼の歴史を探れば探るほど、むなしい気持ちになってくる……。

なお、今回の文庫化にあたり、ＰＨＰ研究所の前原真由美氏、編集担当の武藤郁子氏、歴史作家の梅澤恵美子氏に御尽力いただきました。改めてお礼申し上げます。

合掌

主な参考文献（順不同）

『古事記 祝詞』日本古典文学大系（岩波書店）
『日本書紀』日本古典文学大系（岩波書店）
『風土記』日本古典文学大系（岩波書店）
『萬葉集』日本古典文学大系（岩波書店）
『謡曲集二』日本古典文学全集（小学館）
『続日本紀』新日本古典文学大系（岩波書店）
『謡曲百番』新日本古典文学大系（岩波書店）
『魏志倭人伝・後漢書倭伝・宋書倭国伝・隋書倭国伝』石原道博編訳（岩波文庫）
『旧唐書倭国日本伝・宋史日本伝・元史日本伝』石原道博編訳（岩波文庫）
『三国史記倭人伝』佐伯有清編訳（岩波文庫）
『先代旧事本紀』大野七三編著（意富之舎、発売：新人物往来社）
『日本の神々 神社と聖地 5 山城 近江』谷川健一編（白水社）

『神道大系　神社編』（神道大系編纂会）
『古語拾遺』斎部広成撰　西宮一民校注（岩波文庫）
『藤氏家伝　注釈と研究』沖森卓也　佐藤信　矢嶋泉（吉川弘文館）
『日本書紀』新編日本古典文学全集（小学館）
『古事記』新編日本古典文学全集（小学館）
『謡曲集1』新編　日本古典文学全集（小学館）
『無縁・公界・楽』網野善彦（平凡社ライブラリー）
『日本の歴史　08　古代天皇制を考える』大津透　大隅清陽　関和彦　熊田亮介
丸山裕美子　上島享　米谷匡史（講談社学術文庫）
『天皇制と部落差別』井上清（明石書店）
『大化前代政治過程の研究』平野邦雄（吉川弘文館）
『講座・前近代の天皇　第5巻　世界史のなかの天皇』石上英一他編（青木書店）
『古代王権と官僚制』仁藤敦史（臨川書店）
『古代の天皇制』大津透（岩波書店）
『折口信夫全集　第一巻　古代研究（国文學篇）』折口信夫（中公文庫）
『折口信夫全集　第十五巻　民族學篇1』折口信夫（中公文庫）

『王権と信仰の古代史』あたらしい古代史の会編（吉川弘文館）
『「四天王寺縁起」の研究』榊原史子（勉誠出版）
『霊場の思想』佐藤弘夫（吉川弘文館）
『日本藝能史 2』藝能史研究會編（法政大学出版局）
『天皇と古代王権』井上光貞著・吉村武彦編（岩波現代文庫）
『大系 日本国家史 1 古代』原秀三郎 峰岸純夫 佐々木潤之介 中村政則編（東京大学出版会）
『天皇と古代国家』早川庄八（講談社学術文庫）
『竹取物語と中将姫伝説』梅澤恵美子（三一書房）
『大嘗祭』吉野裕子（弘文堂）
『神道の成立』高取正男（平凡社選書）
『大嘗祭の世界』真弓常忠（学生社）
『日本の神と王権』中村生雄（法藏館）
『古事記研究』西郷信綱（未來社）
『謡曲雑記』伊藤正義（和泉書院）
『聖なる女』田中貴子（人文書院）

『古事記神話を読む』佐藤正英（青土社）
『不比等を操った女』梅澤恵美子（河出書房新社）
『「大化改新」史論　下巻』門脇禎二（思文閣出版）
『県犬養橘三千代』義江明子（吉川弘文館）
『歴史を彩る女たち』杉本苑子（新塔社）
『室町の王権』今谷明（中公新書）
『うつぼ舟Ｉ　翁と河勝』梅原猛（角川学芸出版）
『古代豪族と朝鮮』森浩一他、京都府京都文化博物館編（新人物往来社）
『宿神論　日本芸能民信仰の研究』服部幸雄（岩波書店）
『日本歴史の中の被差別民　部落差別発生のメカニズム』奈良人権・部落解放研究所編（新人物文庫）
『埋甕』木下忠（雄山閣出版）
『秦氏とカモ氏』中村修也（臨川選書）
『聖徳太子暗殺論』高野勉（光風社出版）
『四天王寺の鷹』谷川健一（河出書房新社）
『農業は人類の原罪である　シリーズ「進化論の現在」』コリン・タッジ著、竹内久

美子訳（新潮社）
『神代史の新しい研究』津田左右吉（二松堂書店）
『日本古代王朝史論序説』水野祐（小宮山書店）
『日本の古代国家』石母田正（岩波書店）

著者紹介
関　裕二（せき　ゆうじ）
1959年、千葉県柏市生まれ。歴史作家。武蔵野学院大学日本総合研究所スペシャルアカデミックフェロー。仏教美術に魅せられて足繁く奈良に通い、日本古代史を研究。文献史学・考古学・民俗学など、学問の枠にとらわれない広い視野から日本古代史、そして日本史全般にわたる研究・執筆活動に取り組む。
主な著書に、『蘇我氏の正体』（新潮文庫）、『豊璋 藤原鎌足の正体』（河出書房新社）、『おとぎ話に隠された古代史の謎』『ヤマト王権と十大豪族の正体』『検証！ 古代史「十大遺跡」の謎』『古代日本人と朝鮮半島』『万葉集に隠された古代史の真実』『こんなに面白かった 古代史「謎解き」入門』『地形で読み解く古代史の謎』（以上、PHP文庫）など。

本書は、2014年11月に悟空出版より発刊された『天皇と鬼』を改題し、加筆・修正したものである。

ＰＨＰ文庫　古代史に隠された天皇と鬼の正体

2021年６月14日　第１版第１刷

著者　関　裕二
発行者　後藤淳一
発行所　株式会社ＰＨＰ研究所
東京本部　〒135-8137　江東区豊洲5-6-52
PHP文庫出版部　☎03-3520-9617（編集）
普及部　☎03-3520-9630（販売）
京都本部　〒601-8411　京都市南区西九条北ノ内町11
PHP INTERFACE　https://www.php.co.jp/
組版　有限会社エヴリ・シンク
印刷所　株式会社光邦
製本所　東京美術紙工協業組合

ISBN978-4-569-90135-0

PHP文庫

地形で読み解く古代史の謎

関 裕二 著

地形を見れば、古代史の意外な真実が見えてくる！神話から縄文、邪馬台国、ヤマト建国、大化改新、平安まで歴史の「なぜ？」に迫る。

PHP文庫

万葉集に隠された古代史の真実

関 裕二 著

『万葉集』は単なる日本最古の歌集ではなかった！「恋の歌は本当は政争の歌だった」など、『日本書紀』が抹殺した本当の歴史に迫る一冊。

PHP文庫

古代日本人と朝鮮半島

関 裕二 著

日本人、朝鮮人、中国人は、なぜこれほど気質が違うのか？　その謎を解く鍵は、古代史にあった！　日本人のルーツに迫る驚きの真相とは？